KB220713

기독교 대안학교의 재정

기독교학교교육연구신서 15

기독교 대안학교의 재정

지은이: 박상진, 이길재, 최용준, 강영택
기 획: 기독교학교교육연구소
펴낸이: 원성삼
펴낸곳: 예영커뮤니케이션
초판 1쇄 발행: 2017년 9월 25일
출판신고 1992년 3월 1일 제2-1349호
04018 서울시 마포구 동교로 55 2층(망원동, 남양빌딩)
Tel (02)766-8931 Fax (02)766-8934

ISBN 978-89-8350-973-4 (04230)
      978-89-8350-572-9 (세트)

저자와 출판사의 허락 없이 내용의 일부를
인용하거나 발췌하는 것을 금합니다.
저자와의 협의에 따라 인지는 붙이지 않습니다.
잘못 만들어진 책은 구입처에서 교환해 드립니다.

정가 8,000원

www.jeyoung.com

이 도서의 국립중앙도서관 출판예정도서목록(CIP)은 서지정보유통지원시스템
홈페이지(http://seoji.nl.go.kr)와 국가자료공동목록시스템(http://www.nl.go.
kr/kolisnet)에서 이용하실 수 있습니다.(CIP제어번호: CIP2017023673)

모든 인간은 하나님의 형상을 닮은 존엄한 존재입니다. 전 세계의 모든 사람들은
인종, 민족, 피부색, 문화, 언어에 관계없이 존귀합니다. 예영커뮤니케이션은 이
러한 정신에 근거해 모든 인간이 존귀한 삶을 사는 데 필요한 지식과 문화를 예
수 그리스도의 사랑으로 보급함으로써 우리가 속한 사회에 기여하고자 합니다.

기독교학교교육연구소는 교육의 본질과 방향을 제시하며, 현장의 필요에 응답하
는 연구, 나눔과 성장이 있는 연수, 왜곡된 교육을 변혁하는 운동을 통해 하나님
의 교육이 가득한 세상을 이루어 갑니다. 이를 위해 기독교 대안학교의 성장과 성
숙, 기독교사립학교의 회복과 갱신, 공교육에 기독교적 대안 제시, 교육 회복의 주체인 기독학
부모 세우기, 가정과 학교를 연계하는 교회교육의 모색 등의 사역을 감당하고 있습니다.

기독교학교교육연구신서 · 15

기독교 대안학교의 재정

기독교학교교육연구소 기획
박상진, 이길재, 최용준, 강영택 지음

예영커뮤니케이션

서문

오늘날 우리나라에 기독교 대안학교가 지속적으로 증가하는 것은 반가운 일이고 희망적인 현상이다. 공교육이 입시 위주 교육의 한계를 지닌 채 다음세대를 쉼이 없는 교육으로 몰아가는 이때에 진정한 교육의 대안을 추구하는 학교들의 등장은 칠흑 같은 어둠 속에 비추이는 빛과 같다. 물론 '기독교 대안학교가 정말 기독교적인가? 대안적인가?'의 질문은 여전히 남아 있지만 그래도 건강한 기독교 대안학교들이 다양하게 설립되고 있는 것은 역기능보다는 순기능이 많다고 볼 수 있다. 그러나 안타깝게도 기독교 대안학교들이 증가하는 가운데에서도 폐교하는 학교들도 늘어나고 있음을 주목할 필요가 있다. 아직 문을 닫는 단계는 아니더라도 운영의 어려움을 호소하는 학교들도 많이 있다. 그 원인은 다름 아닌 기독교 대안학교의 재정 문제이다. 기독교 대안학교들이 올바른 교육철학과 그에 따른 교육과정을 지니고 기독교사들이 진지하게 교육을 실천하는 것이 중요한데 이를 뒷받침하고 지속적으로 발전하기 위해서는 안정적인 재정이 요청된다.

우리나라의 대안학교들은 대부분 미인가이고 인가를 받은 학교라도 정부의 지원을 제대로 받을 수 없는 구조이기 때문에 재정 상태가 취약한 경우가 많다. 거의 모든 기독교 대안학교들이 등록금에 의존할 수밖에 없기 때문에 학생 충원율이 저조하면 그대로 재정 악화로 이어질 뿐 아니라 질 높은 교육을 위한 투자를 할 수 없게 된다. 어떻게 하면 기독교 대안학교의 이러한 재정 문제를 해결할 수 있을까? 이러한 질문은 기독교대안교육의 본질적인 주제는 아니지만 그러한 교육이 가능하도록 하기 위한 가장 중요한 질문 중의 하나이다. 이 책은 바로 이 주제를 다루고 있다. 먼저 기독교 대안학교의 재정 실태를 설문조사를 통해 드러내고 있으며 무엇이 문제인지를 분석하고 있다. 그리고 기독교 대안학교가 정부와 자치단체로부터 지원받을 수 있는 방안이 무엇인지를 살피고 있는데, 미국에서 시도되고 있는 교육바우처제도의 도입 가능성을 탐색하고 있다. 또한 해외에서는 어떻게 이 문제를 해결하고 있는지, 특히 네덜란드의 경우를 중심으로 파악하고 있다. 마지막으로 향후 기독교 대안학교의 재정 자립을 위해서 어떤 방안이 가능한지를 살피고 있는데 해외와 국내의 사례 분석을 기초로 실제적인 대안을 제시하고 있다.

　이 책은 단지 이론적이거나 학술적인 내용만을 담고 있는 것이 아니라 현장의 문제와 씨름하면서 실천적으로 그 대안을 모색하고 있기에 기독교 대안학교 현장에 몸담고 있는 교장과 이사진 그리고 교사들에게 도움이 될 것이다. 또한 기독교 대안학교를 설립하려고 하는 분들과 자녀를 기독교 대안학교에 보내고 있거나 보내려고 하는 학부모들, 그리고 기독교 교육에 관심있는 모든 분들이 기독교 대안학교의 현실을 이해하도록 도울 것이다. 귀한 글을 써 주신 교수님들과 연구와 출판을 위해 수고하신 기독교학교교육연구소의 모든 연구원들 그리고 기꺼이 출판해 주신 예영커뮤니케이션 원성삼 대표님과 직원들에게 감사를 드린다.

집필진을 대표해서
기독교학교교육연구소 소장 **박상진**

한국 기독교 대안학교의 재정 실태 분석

박상진(장신대, 기독교 교육)

I. 들어가는 말

우리나라의 기독교 대안학교는 지속적으로 증가하고 있다. 기독교학교 교육연구소가 실시하는 "기독교 대안학교 실태조사연구"에 따르면 2005년 에 59개였던 기독교 대안학교가 2011년에는 121개, 2014년에는 169개 그 리고 2016년에는 275개교로 꾸준히 증가하고 있다. 그런데 동시에 폐교되 는 기독교 대안학교들도 급증하고 있다. 2006년부터 2011년까지 16개교가 폐교하였는데, 그 이후 2014년까지 불과 3년 만에 38개교가 폐교한 것으 로 나타나고 있다. 2006년 이후 지난 9년 동안 매해 12.2개 기독교 대안학 교가 설립되고, 4.2개 기독교 대안학교가 폐교하였는데 해가 갈수록 그 증가 속도가 빨라지고 있다. 즉 오늘날 기독교 대안학교에 대한 수요가 증가하는 것은 사실이고 이에 부응하여 많은 기독교 대안학교들이 설립되고 운영됨으로 이러한 수요에 대한 공급이 이루어지고 있지만, 또 한편 많은 기독교 대안학교들이 재정적인 어려움을 견디지 못하고 문을 닫고 있는 것이다. 아직 폐교하지는 않았다고 하더라도 상당수의 기독교 대안학교들이 재정적인 문제로 인한 경영의 어려움을 토로하고 있고, 이를 극복하지 못하면 언젠가는 전체 기독교 대안학교의 숫자가 감소세로 접어들 수 있음을 예견하게 된다.

한국의 기독교 대안학교는 기독교적인 건학이념을 갖고 왜곡된 공교육에 대한 대안적 교육을 표방하며 많이 설립되고 있지만 재정적인 한계로 인해 폐교가 되는 것은 안타까운 일이다. 이런 점에서 기독교 대안학교의 교육에 있어서 교육이념이나 교육과정, 교육방법 등과 같은 주제 외에 교육재정이 중요한 연구주제가 아닐 수 없다. 대안학교는 정부의 지원을 받는 공교육과는 달리 기본적으로 열악한 상황 속에서 시행되는 교육이기 때문에 재정적인 이슈보다는 어떤 '대안성'을 추구할 것인가에 관심이 많지만 그 대안교육의 실현을 위해서는 재정이 필수적이기 때문에 이에 대한 관심도 기독교 대안학교 연구의 핵심적인 주제로 삼아야 한다. 이 연구는 한국의 기독교 대안학교의 재정 실태를 분석하는 연구로서, 먼저 교육재정의 개념 이해를 살펴보고, 한국교회 초창기의 기독교학교가 재정적인 어려움으로 폐교하게 되는 과정을 재조명하며, 최근 기독교학교교육연구소가 조사한 기독교 대안학교 실태조사를 중심으로 오늘날 기독교 대안학교의 재정 현황을 분석하고자 한다.

Ⅱ. 교육재정의 의미

기독교 대안학교의 교육재정을 분석함에 있어서 먼저 교육재정의 의미
를 파악하는 것이 중요하다. 교육이라는 활동에는 경비가 소요되는데 이
경비를 적절하게 창출하고 이를 효과적으로 사용하는 것은 교육의 중요한
부분이기 때문이다. 교육학에서는 이 부분을 다루는 하위 분야가 교육재정
학 분야이다. 일반적으로 교육재정은 '교육에 필요한 비용을 조달하고 배분
하는 국가 또는 공공단체의 행정적 행위'라고 정의된다(천세영, 2001:53). 여
기에서 '교육에 필요한 비용'에 해당하는 교육비를 어느 범주로 볼 것인가
의 문제와 국가 또는 공공단체를 어느 범주로 설정할 것인가의 문제는 교
육재정의 범위를 결정짓는 기준이 된다. 일반적으로 교육비를 '학교교육 활
동에 투입된 경비 중 금전적으로 표시된 경비'로 한정하는 경향이 있다. 사
실 금전적이지 않은 방식으로 투입되는 경우도 상정할 수 있기 때문이다.
그리고 교육을 공교육으로 한정하는 경우는 공공단체를 교육자치단체를
비롯한 공공 교육기관으로 제한하는 경향이 있다. 이런 점에서 전체 교육
비 관련 개념을 구조화하면 다음과 같다(천세영, 2001:24).

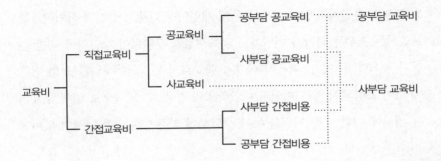

교육비는 먼저 직접교육비와 간접교육비로 구분된다. 직접교육비는 교육이 수행되기 위해 소요되는 제 경비로서 수업료 등 납입금과 정부의 교육예산 등이 여기에 해당한다. 간접교육비는 기회비용 또는 유실비용으로서 학생들이 학교에 다님으로써 취업하지 못하기 때문에 잃게 되는 비용이라고 할 수 있다. 직접교육비는 다시 공교육비와 사교육비로 구분되는데 공교육비는 경비의 확보, 배분의 과정이 공공절차를 통해 이루어지는 교육비로서 국가의 교육예산 지원금은 물론 개인이 납부하는 등록금 등도 학교나 공공기관에 의해서 집행되는 공적 성격의 교육비이기 때문에 여기에 해당한다. 그러나 학원비나 교재구입비 등은 개인의 자유계획에 의해서 이루어지기 때문에 사교육비에 해당한다. 공교육비는 다시 공부담 공교육비와 사부담 공교육비로 분류되는데 전자는 국가에 의해서 지급되는 교육비를 의미하는 반면 후자는 그 교육이 공교육적 성격을 지님에도 불구하고 개인이 부담하는 교육비를 의미한다. 공교육에 속해 있는 대부분의 학교의 교육비는 공부담 공교육비가 절대 비중을 차지하는 반면, 기독교 대안학교의 경우, 특히 미인가 대안학교의 경우는 사부담 공교육비에 거의 의존되어 있다고 할 수 있다.

모든 공교육을 국가주도의 공립학교로 운영하는 경우는 교육비와 관련된 논의가 복잡하지 않으나, 공교육이 개인이나 단체가 설립한 사립학교를 포함하는 경우는 국가가 어디까지 교육재정을 부담해야 하는지에 대한 논란이 일어날 수 있다. 더욱이 국가가 학교로서 인정하는 사립학교의 범주에 마저 포함되지 않는 미인가 대안학교의 경우, 그 교육으로 인해 소요되는 경비에 대한 재정 지원을 누가 부담해야 하는지에 대한 논쟁이 일어날 수밖에 없다. 교육 자체를 공공재로 보고, 그것이 공립이든 사립이든, 국가의 인가를 받은 학교든 미인가 대안학교든 공공적인 사명을 수행하는 교육기관으로 본다면 국가는 그 모든 교육의 재정을 담당해야 할 것이다. 즉, 공부담 공교육비를 최대화하며 사부담 공교육비를 최소화해야 할 것이다. 그러나 특정 이념에 근거하여 특정한 개인이나 단체 등과 같은 사인(私人)이 설립한 사립학교나 대안학교를 사유재로 이해한다면 그 부담은 국가가 아닌 개인에게 돌리게 될 것이다.

이런 점에서 기독교 대안학교의 재정 문제는 단순한 재정 문제가 아니라 기독교 대안학교의 교육의 성격을 어떻게 규정하느냐의 교육철학과 밀접히 관련되어 있다. 대한민국의 헌법 제31조에서는 국민의 교육받을 권리와 국가의 재정 지원에 대해서 다음과 같이 천명하고 있다. ① 모든 국민은 능력에 따라 균등하게 교육을 받을 권리를 가진다. ② 모든 국민은 그 보호하는 자녀에게 적어도 초등교육과 법률이 정하는 교육을 받게 할 의무를 진다. ③ 의무교육은 무상으로 한다. ④ 교육의 자주성 전문성 정치적 중립성 및 대학의 자율성은 법률이 정하는 바에 의하여 보장된다. ⑤ 국가는 평생교육을 진흥하여야 한다. ⑥ 학교교육 및 평생교육을 포함한 교육제도와 그 운영, 교육재정 및 교원의 지위에 관한 기본적인 사항은 법률로 정한다. 여기에서 분명하게 제시하고 있는 것은 '의무교육은 무상으로 한다'로서 의무교육에 대한 국가의 재정 지원의 책임을 말하고 있다. 여기에서 의무교육의 범주를 어떻게 설정하느냐가 중요하다. 그리고 교육의 주체가 누구인지에 대한 논의도 중요한데 국가를 교육의 주체로 보고 국가가 설립하거나 운영하는 교육만을 지원한다는 입장이 있을 수 있지만, '교육의 자주성, 전문성,

정치적 중립성'을 보장하도록 되어 있기 때문에 부모가 자녀를 개인이나 단체가 설립하고 운영하는 학교에 보내더라도 국가가 재정적으로 지원해야 한다고 주장할 수도 있다. 여기에서는 교육재정에 대한 구체적인 법률을 논의하려는 것이 아니라 교육재정의 문제는 단지 '돈'의 문제가 아니라 교육철학과 교육본질에 대한 이슈와 분리될 수 없음을 밝히고자 하는 것이다.

Ⅲ. 한국 초기 기독교학교의 쇠퇴 원인: 재정적인 문제[1]

오늘날 기독교 대안학교의 재정 문제를 다루면서 한국의 초기 기독교학교의 쇠퇴의 주요 요인 중의 하나가 재정적인 문제임을 이해하고, 그 역사를 통해 오늘에 주는 지혜를 얻는 것은 의미 있는 일이다. 여기에서는 초기 한국교회 중 장로교 계통의 교회가 설립한 학교에 초점을 맞추어 파악하고자 한다. 일반적으로 장로교 학교는 1885년 미국 북장로교 선교사인 언더우드가 설립한 언더우드 학당(현 경신학교)으로 이해하고 있다. 물론 미국 감리교 선교사인 아펜젤러가 설립한 배재학당과 함께 선교사들에 의해 한국의 근대교육이 시작한 것은 사실이다. 그러나 그 직후부터 한국교회의 토착민에 의해 교회부설 초등학교들이 설립되는 교육운동이 일어난다. 한국 장로교의 교회부설 초등학교는 1887년 이후 지속적이고 점진적으로 증가

---

1 이 부분은 필자의 글, '한국 초기 기독교학교의 쇠퇴에 관한 연구'(박상진 외(2013), 『기독교학교, 역사에 길을 묻다』, 서울: 예영.)을 수정 보완한 것임.

하게 되는데, 1900년대에 접어들면서 빠른 속도로 증가하여 1904년에는
115개교에 이르게 된다. 1894년과 1904년의 장로교회의 부설 초등학교 수
를 비교해 보면 5개교에서 115개교로 십 년 만에 무려 23배로 증가하였음
을 알 수 있다. 이러한 기독교학교의 설립 확산은 1904년 이후에도 계속해
서 이어지게 된다.

1905년의 상황을 살펴보면, 교회 수는 417개, 목사 수는 46명, 그리고
교인 수는 37,407명인데 소학교수는 139개교였으며 소학교의 학생 수는
2,730명이었다[2]. 이는 당시의 소학교의 학생 수가 평균 20명 정도의 소규
모 학교였음을 알 수 있다. 그 다음 해인 1906년에는 소학교수의 수가 238
개교로 약 100개교가 증가하였고, 1907년에는 소학교의 수가 405개교로
171개교가 증가하였다. 이는 가히 폭발적인 증가라고 할 수 있을 것이다.
1909년에 최고조에 이르게 되는데 694개교에 달하였다. 당시의 교회당이
1580개 처소인 것을 생각하면 약 두 교회 중 한 교회는 학교를 설립하였다
고 볼 수 있다. 목사의 수는 46명에서 63명으로 증가한 정도인 것에 비교한
다면 소학교 수의 증가는 폭발적이었다고 할 수 있다. 그러나 1910년 이후
부터는 학교 수가 점진적으로 감소하기 시작하는데, 1912년에는 539명으
로 감소하게 된다.

1912년 이후에도 소학교 수는 지속적으로 감소하게 되는데, 1913년에는
소학교 수가 501개교로 감소하고, 1914년에는 499개교로, 그리고 1915년에

---

2   예수교 장로회 대한 노회 제1회 회록, 1907, 42.

는 477개교로 줄어들게 된다[3]. 1905년부터 1915년 사이의 장로교단 소속의 교회설립 소학교 수의 추이를 그래프로 나타내면 [그림 1]과 같은데, 1909년까지는 가파르게 증가 추세를 보이다가 1910년부터 서서히 감소함을 알 수 있다.

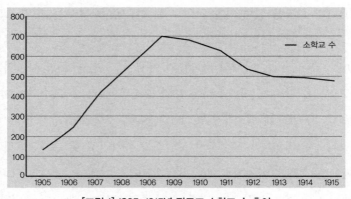

[그림 1] 1905-1915년 장로교 소학교 수 추이

앞에서 살펴보았듯이 1909년을 정점으로 교회가 설립한 소학교가 쇠퇴하기 시작한다. 당시 교회가 설립한 학교들이 폐교하거나 병합하는 경우가 발생하기 시작하였는데, 그 주된 이유는 재정적인 어려움과 일제 통감부의 지나친 통제 및 관립학교의 등장이라고 할 수 있다. 1910년 이후의 독노회 회의록이나 총회 회의록을 보면 당시 교회 설립 기독교학교들이 전국적으로 재정적인 어려움을 겪기 시작했음을 알 수 있다.

---

3   예수교 장로회 조선 총회 제5회 회록, 1916, 96.

당시 교회 설립 학교들이 재정적인 어려움을 겪고 있음은 각 지역별로 구성되어 있는 대리회의 보고를 통해서 직접적으로 알 수 있다. 1911년 독노회의 평안북도 대리회의 보고는 "학교형편은 힘이 전보다 적은 곳이 많사오나 잘되는 곳도 있사오며"[4]로 되어 있고, 평안남도 대리회의 보고는 "학교형편은 몇 학교가 합하기도 하며 폐지도 하였는고로 학생 수는 줄었으나 처소는 전과 비슷합니다. 그러나 각 학교에 재정이 궁색하고 과목 중 교과서 책이 부족하오니 심히 민망하오며 남녀 대중(공학)학교는 전보다 더욱 잘 되어가옵니다."[5]로 되어 있다. 즉, 모든 학교가 재정적인 어려움을 겪는 것은 아니지만 일부 학교들이 재정적인 이유로 폐지되거나 합병되는 경우가 발생하고 있고, 심지어 학교 재정의 어려움으로 교과서 책마저 공급할 수 없는 형편임을 알 수 있다. 황해도 대리회도 "학교형편은 연약하여 좀 줄었사오며"라고 보고하고 있으며, 경기도 대리회도 "학교형편은 재정이 곤란하오며"라고 보고하고 있다. 특히, 경상남도 대리회는 "학교형편은 전진하는 학교도 있고 인가 받은 학교 중에 혹 폐지된 것도 있고 지금 남아 있는 학교 중에도 재정 곤란으로 인하여 폐지 지경에 이른 것도 있사오며"[6]라고 보고하고 있는데, 점차적으로 학생 수도 줄어들면서 재정적인 압박으로 인해 폐지되는 안타까움을 겪고 있음을 알 수 있다.

1912년에 이르게 되면 교회 설립 학교들이 보다 심각한 재정적인 어려움에 봉착하게 되는데, 총회회의록의 각 노회별 보고를 보면 이를 쉽게 파악

---

4   예수교 장로회 대한 노회 제5회 회록, 1911, 49.
5   노회 제5회 회록, 1911, 51.
6   노회 제5회 회록, 1911, 62.

할 수 있다. 먼저 경기충청노회 보고서는 "학교형편은 잘되어가는 곳도 있으나 재정이 어려운 곳이 많음"[7]이라고 적고 있으며, 황해도노회 보고서는 "학교형편은 좀 섭섭한 것이 각처 소학교도 줄어지고 또 중학교는 폐지가됨이요"[8]라고 쓰고 있다. 급속도로 확산되던 한국교회의 소학교 설립운동이 이제 하향곡선을 그리면서 폐교되는 학교들이 속속 출현함을 섭섭한 마음으로 보고하고 있는 것이다. 남평안 노회 보고는 소학교는 병합과 폐지사례가 많지만 중학교는 발전하고 있음을 보여 주는데, "학교형편은 소학교는 혹 합한 곳과 폐한 곳이 있사오나 대중학교는 여전히 진보하오며"[9]라고 기록하고 있다. 북평안도 노회 보고서도 "학교형편은 힘이 전만 못하오며 폐지된 학교도 있사오며 혹 잘되는 곳도 있사오며"[10]라고 적고 있는데, 한해가 다르게 재정적인 어려움으로 폐교하는 안타까운 상황을 보고하고있다.

1913년에도 이러한 재정적 어려움은 계속되는데, 총회회의록에 보면 폐교되거나 합병되는 학교의 상황이 노회별로 보고됨을 알 수 있다. 남평안노회보고서에는 학교형편에 대해서 "여전히 유지하는 곳도 많사오며 혹 폐하고 합하는 곳도 있사오며"[11]라고 쓰고 있고, 경기충청노회보고서에도 "이왕과 일반이오며 교육상황은 흥왕한 곳도 있사오며 재정이 군졸한 곳

---

7   예수교 장로회 조선 총회 제1회 회록, 1912, 43.
8   총회 제1회 회록, 1912, 46.
9   총회 제1회 회록, 1912, 48.
10 총회 제1회 회록, 1912, 50.
11 예수교 장로회 조선 총회 제2회 회록, 1913, 45.

이 많음"[12]으로 적고 있다. 황해도노회보고서는 더 심각하게 학교형편을 보고하고 있는데 "중학교는 없사오며 남아있는 소학교는 겨우 부지하여 가오며"[13]라고 표현하는 것으로 보아서 매우 심각한 재정적인 어려움을 겪고 있음을 짐작할 수 있다. 특히 전라노회보고서에서는 이러한 형편을 개선할 가능성이 없다는 절망적인 보고를 담고 있다. "각 교회에 있는 소학교 형편에 대하여서는 다 말할 수 없사오나 현금경비 곤란 중에 근근히 부지하는 모양이로되 장래에 확장할 희망의 방침이 없습니다"[14]. 즉, 학교가 그 명맥을 이어간다 할지라도 제 기능을 할 수 있는 상태가 아니고 상황이 호전될 수 있는 여지도 없음을 말하고 있다.

1915년에 이르면 교회가 설립한 학교들의 재정적인 어려움은 더욱 극심하게 된다. 총회 시에 학무위원의 보고에 의하면 "현금 학교 정황은 각 노회가 이미 보고하였사오니 상지하였으려니와 특별한 정황은 재정 곤란으로 유지하기 극난이오며"[15]라고 적고 있다. 그래서 학무위원이 제안한 안은 각 노회 지경 안에 있는 학교들끼리 병합하거나 사숙과 합병하는 것으로서 다음과 같이 보고하고 있다. "각 노회 지경 내에서 각기 중앙 위치에 있는 학교 부근의 학교와 사숙을 합병하여 유지하도록 하시기를 바라오며." 각 노회별 보고를 통해서 전국적인 상황을 파악해 보면 경기충청노회의 경우 교육정황과 학생 수효는 증가되었으나 재정이 어려워 "소학교를 감리회와

---

12 총회 제2회 회록, 1913, 47.
13 총회 제2회 회록, 1913, 50.
14 총회 제2회 회록, 1913, 55.
15 예수교 장로회 조선 총회 제4회 회록, 1915, 40.

연합하여 교육하는 곳"[16]도 있다고 보고하고 있다. 타교단의 학교와 연합할
정도로 어려움을 토로하고 있는 것이다. 평북노회는 다음과 같이 보고하고
있다. "여러 곳에서 기본을 모집하여 잘하는 학교도 많사오나 재정이 곤란
하여 혹 폐교하는 곳도 있사오며 혹 학교는 폐하고 서당을 설립하는 곳도
있사오며 여자교육은 남자교육보다 많이 떨어지오며 남녀중학은 여전히
잘하오며."[17] 이 보고에 따르면 재정이 어려워 학교는 폐교하고 대신 서당
을 설립하는 곳도 있다는 것이다. 경상노회도 학교형편에 대해서 "잘 진보
하는 곳도 있으나 보통으로 말하면 약한 모양이오며"[18]라고 보고하고 있고,
평남노회보고서에는 "여전히 유지하여 진보하는 곳도 있사오며 재정 곤란
으로 어렵게 지내는 곳이 많사오며"[19]라고 기록하고 있다. 전라노회는 "재
정은 부족하오나 교육열성으로 전진하는 중 실업에 주의하여 확장하여 가
나이다"[20]라고 보고하고 있는데, 이러한 재정적인 어려움 속에서도 교육열
성을 통해 극복해가고 있음을 보여 주고 있다.

　이러한 기독교학교의 재정적인 어려움은 갈수록 심각해지는데, 1916년
총회에서는 학무위원 보고를 통해 그 재정적 어려움이 어느 정도인지를 가
늠해 볼 수 있다. 학무위원의 첫 번째 보고 사항이 "인가받은 각 학교를 무
슨 방칙으로든지 폐지하지 않게 하되 특별히 적립금을 교회 안에 두고 학

---

16 총회 제4회 회록, 1915, 44.
17 총회 제4회 회록, 1915, 46.
18 총회 제4회 회록, 1915, 49.
19 총회 제4회 회록, 1915, 52.
20 총회 제4회 회록, 1915, 55.

교용비를 보조케 할 것"[21]이었다. 재정적인 어려움으로 폐지되는 학교를 어떻게든 막아야 한다는 의지가 담겨 있다. 그리고 교회가 적립금을 마련하여 학교 재정을 보조할 것을 결의하고 있다. 1916년 총회에서도 노회별로 학교들의 형편이 보고되어졌는데 대부분 재정적인 어려움을 호소하고 있다. 특히 함경노회보고서에 "미션회에서 도와주는 학교들은 여전히 되어가오며 우리들이 힘쓰는 학교는 재정이 곤란하여 유지하기 어려운 형편 많사오며"[22]라는 기록이 있다. 즉, 선교회에 속해 있는 학교들은 재정에 큰 어려움이 없는데 한국교회들이 설립한 학교들은 심각한 재정적 어려움을 겪고 있음을 알 수 있다. 평북노회의 경우는 "학교권유사를 세워 평북 각 학교와 교회로 순행하며 권장하였는데 학교마다 20-30원 내지 천여원까지 기본금을 다수히 모집하여 유지하게 하온 중 불완전한 학교가 폐지된 것이 혹 있사오나"[23]라고 보고하고 있다. 학교권유사로 하여금 학교와 교회를 방문해서 기본금을 모아 재정적인 어려움을 극복하려는 노력을 한 것이다.

1917년에도 많은 학교들이 폐지되는 아픔을 겪었다. 조선 예수교 장로회 총회에 보고된 내용에 따르면 전라노회의 경우 "경비의 군졸로 인하여 혹 폐지된 곳도 있사오며 현금 유지하는 것도 전진할 방칙이 막연하오나 미션회 설립학교는 여전하오며"[24]라고 보고하고 있는데, 재정적인 어려움으로 폐지하는 추세이고 현상 유지하기가 어려움을 토로하고 있으며, 그런 가운

21 예수교 장로회 조선 총회 제5회 회록, 1916, 19.
22 총회 제5회 회록, 1916, 73.
23 총회 제5회 회록, 1916, 59.
24 예수교 장로회 조선 총회 제6회 회록, 1917, 43.

데서도 선교회가 설립한 학교는 여전히 유지되고 있음을 알 수 있다. 경북 노회의 보고에 의하면 "소학교는 보통 다 연약하오며 남녀중학교는 여전하오며"[25]라고 적고 있는데, 소학교는 거의 모든 학교가 어려움에 처해 있고, 그에 반해서 남녀중학교는 유지되고 있음을 보여 주고 있다. 함경노회에서는 1916년의 보고처럼 선교회 설립학교와 조선교회 설립 학교를 비교하여 재정이 어려움에 차이가 있음을 토로하고 있는 그 내용은 다음과 같다. "1. 미션회에서 경한 고등정도와 중학정도학교는 여전히 잘 되오며, 2. 조선교회에서 경영하는 학교는 재정이 곤란함으로 유지하기 위하여 각 시찰 지경에서 학무위원 2인식 택하여 학교를 시찰 확장케 하였사오며"[26]. 당시 한국교회가 이러한 학교의 재정적인 어려움을 극복하기 위하여 각 시찰별로 학무위원 2명을 파견하여 학교를 지원하는 노력을 기울였음을 알 수 있다. 그러나 이 당시 기독교학교들이 겪는 재정적인 어려움은 몇 개 학교의 문제가 아니라 전국적인 현상이었으며 해가 갈수록 심화되어갔기 때문에 개 교회는 물론 노회 또는 총회가 지원할 수 있는 한계를 넘어서게 되었고, 결국 병합하거나 폐교하는 학교가 속출하여 교회설립 기독교학교의 수는 1910년 이후부터 지속적으로 감소하게 된다.

초기 한국교회의 기독교학교가 일제 강점기에 감소하게 되는 것은 물론 일제의 탄압으로 말미암은 것이다. 특히 1908년 8월 26일자로 공포된 사립학교령은 그동안 민족의식과 항일의식을 고취해 온 사립학교, 특히 종교

---

25 총회 제6회 회록, 1917, 46.
26 총회 제6회 회록, 1917, 50.

계 사립학교를 억압하려는 의도에서 발포된 것으로 신설 사립학교는 물론 기존의 모든 사립학교들도 다시 인가를 받도록 규정함으로써 사립학교들을 점차적으로 폐교시키려는 음모를 드러낸 것이다. 또한 일제가 관, 공립학교를 설립 확장한 것도 요인으로 작용하였다. 1905년 일제는 을사조약을 체결한 후 1906년에 통감부를 설치하고 식민지 정책의 일환으로 교육법을 개정해 칙령 제44호에 소학교를 보통학교로 개칭하도록 했고, 서울 교동보통학교를 비롯해 전국 22개교 관, 공립 보통학교를 설립하고 수업료는 물론 교과서를 비롯한 학용품까지 무료로 지급하였다. 이로 인해 교회가 설립한 기독교학교의 학생 수가 감소하게 되고, 이는 재정적인 어려움을 야기해서 결국 폐교에 이르게 된 것이다. 이러한 한국교회 초기 기독교학교의 감소 현상은 아직은 성장 곡선을 그리고 있는 오늘날 기독교학교 운동에 경종을 울리고 있는 것이다.

Ⅳ. 기독교 대안학교 재정 실태 분석

기독교학교교육연구소는 5년마다 기독교 대안학교 실태조사를 실시하고 있다. 이 장에서는 2016년도에 실시한 실태조사 중 재정 실태 부분을 분석한 것이다.[27] 본 설문의 대상 기독교 대안학교는 2016년 5월 31일 기준으

---

27 2006년, 2011년에 이어 2016년 연구소는 세 번째 실태조사를 시행하였다. 3번째 실태조사는 현재 진행 중이며, 그러므로 분석된 결과는 현재까지 들어온 데이터에 한하여 정리된 것으로 최종 결과와는 차이가 있을 수도 있음을 밝혀둔다.

로 한국에 있는 초등~고등학교까지 운영되고 있는 기독교 대안학교로 하
였고, 인가와 비인가 학교를 모두 포함하였다. 275개 학교(2012년 출간된 기
독교 대안학교 가이드에서는 131개의 학교가 있는 것으로 파악)에 설문참여 요청 공
문을 발송하고, 설문을 수합하였다. 질문의 범위가 넓고, 응답하기가 쉽지
않은 질문들이 포함되어 있으며, 학교들의 바쁜 일상으로 인해 현재까지
응답이 저조하여, 54개 학교가 설문에 응답하였다.

본 설문은 크게 5가지 영역으로 구성하였는데, 1. 교육의 기초, 2. 학교
의 조직 및 운영, 3. 교직원, 4. 학생 및 시설, 5. 교육과정 등이다. 이 중 재
정관련 질문은 주로 '학교의 조직 및 운영' 및 '교직원' 부분에 포함되어 있
는데, 기부금 및 예탁금의 정도, 연 수업료, 장학금제도, 재정 결산, 그리고
교장, 교사 초임 월급, 정교사 4대 보험 여부, 퇴직금 등이 포함되어 있다.
실태조사의 영역별 문항내용은 〈표1〉과 같다.

〈표1〉 실태조사 영역별 문항내용

영역	질문 내용
1. 학교의 기초사항	응답 담당자명, 보직, 연락 핸드폰, 이메일, 학교 전화번호, 팩스, 홈페이지, 주소, 이메일, 우편번호, 학교명, 법적지위, 개교년도, 설립주체, 운영주체
2. 학교의 조직 및 운영	학교급, 학교교육 목표, 학교유형, 이사회, 학부모 모임, 학부모 교육, 소속단체, 기부금, 예탁금, 연 수업료, 장학금제도, 재정 결산
3. 교직원	교직원 선발 방법, 교직원 수, 교원경력별 교직원 수, 교사교육, 교장, 초임 교원 월급, 정교사 4대보험 여부, 퇴직금
4. 학생 및 시설	학급수와 재학생 수, 재학생 특징, 졸업생 누적 수, 신입생 선발전형, 학생선발조건, 학교 시설 소유 형태, 학교공간의 특징
5. 교육과정	학교교육과정 계획서 문서화, 교과별 교육계획서, 수업지도안 양식, 수업지도안 작성, 학교차원의 평가기준, 정기적인 교육과정 평가회의, 주로 사용하는 교과서, 해외 이동 수업, 특성화 교과, 총 수업일수, 학교의 전반적인 교육과정과 특징

1. 학교의 법적 지위

우리나라의 기독교 대안학교가 직면하고 있는 가장 중요한 이슈 중의 하나는 역시 인가 문제이고 이는 학교의 재정과도 직결된다. 대부분의 기독교 대안학교는 여전히 미인가의 상태로 남아 있다. 기독교 대안학교들의 법적 지위에 따른 학교 유형은 53개 응답학교 중 81.1%(43개)가 '미인가 대안학교'였으며, 9.4%(5개)가 '대안교육 특성화학교', 7.5%(4개)가 '위탁교육기관'이고, 1.9%(1개)가 '인가 대안학교'였다. 이는 2011년 조사와 비교할 때 대체로 비슷한 결과라고 할 수 있는데, '위탁교육기관'이 조금 늘었고, '인가 대안학교'의 비중은 상대적으로 줄어들 것으로 예상된다.

〈표2〉 학교의 법적 지위

	특성화학교 (대안교육)	인가 대안학교	미인가 대안학교	위탁교육기관	전체
2016 실태조사	5	1	43	4	53
	9.4%	1.9%	81.1%	7.5%	100.0%
2011 실태조사	11	5	101	4	121
	9.1%	4.1%	83.5%	3.3%	100.0%
2006 실태조사	11	0	30	2	43
	25.6%	0.0%	69.8%	4.7%	100.0%

2. 입학금, 예탁금, 수업료

대부분의 기독교 대안학교는 정부로부터 재정 지원을 받지 못하기 때문에 학생(부모)들로부터 받는 재정에 의존하고 있다. 여기에는 입학금, 예탁

금, 수업료 등이 있다. 입학금은 수업료 외에 학생이 입학 시에 납부하는
금액으로서 기부금의 성격을 지니고 있다. 이 금액은 졸업 시에 다시 돌려
받는 예탁금과는 구별된다. 설문에 응답한 기독교 대안학교 중 입학금에
대해서 응답한 52개교인데, 그중 입학금이 없다고 응답한 학교는 44.2%인
23개 학교였다. 입학금이 없는 학교의 비율은 2006년 1차 조사 이래로 계
속 줄어들고 있다. 반면에 29개 학교가 입학금이 있다고 응답하였는데, 입
학금이 있다고 응답한 학교는 100만 원~250만 원이 21.2%(11개), 100만 원
미만이 13.5%(7개), 250~500만 원이 11.5%(6개), 1,000만 원 이상이 5.8%(3
개), 500~1,000만 원이 3.8%(2개)로 나타났다. 2011년 조사에 비하면, 500
만 원 이상 내는 학교의 비율은 줄고, 500만 원 미만으로 내는 학교의 비율
은 늘어났다.

〈표3〉 기독교 대안학교 입학 시 내는 발전기금(기부금 형태)

	없다	100만 원 미만	100만 원~ 250만 원 미만	250만 원~ 500만 원 미만	500만 원~ 1,000만 원 미만	1,000만 원 이상	전체
2016 기독교 대안학교	23	7	11	6	2	3	52
	44.2%	13.5%	21.2%	11.5%	3.8%	5.8%	100.0%
2011 기독교 대안학교	35	6	12	8	11	1	73
	47.9%	8.2%	16.4%	11.0%	15.1%	1.4%	100.0%
2006 기독교 대안학교	32	0	0	1	2	3	38
	84.2%	0.0%	0.0%	2.6%	5.3%	7.9%	100.0%

입학금과 다르게 예탁금은 어느 정도의 금액을 학교에 입학 시에 냈다가
졸업 시에 받아가는 금액이다. 예탁금과 관련해서는 응답한 51개교 중에

서 78.4%인 40개교가 없다고 응답하였다. 예탁금이 없다고 응답하는 학교
도 2006년 1차 조사 이래 계속해서 줄어들고 있다. 그리고 예탁금이 있는
학교는 100만 원~250만 원인 학교가 15.7%(8개), 100만 원 미만인 학교가
3.9%(2개), 1,000만 원 이상인 학교가 1개(2.0%)로 나타났다. 2011년 조사에
서는 예탁금이 있다고 응답한 학교의 비율은 12.5%(9개/72개)였는데, 2016
년 조사에서는 21.6%(11개/52개)로 증가하였다.

〈표4〉 기독교 대안학교 예탁금

	없다	100만 원 미만	100만 원 ~ 250만 원 미만	250만 원 ~ 500만 원 미만	500만 원 ~ 1,000만 원 미만	1,000만 원 이상	전체
2016 기독교 대안학교	40	2	8	0	0	1	52
	78.4%	3.9%	15.7%	0.0%	0.0%	2.0%	100.0%
2011 기독교 대안학교	63	2	3	1	3	0	72
	87.5%	2.8%	4.2%	1.4%	4.2%	0.0%	100.0%
2006 기독교 대안학교	35	0	0	0	2	1	38
	92.1%	0.0%	0.0%	0.0%	5.3%	2.6%	100.0%

이를 종합해 보면, 2011년 조사에 비해, 기부금 형태의 입학금은 금액이
낮아지고, 예탁금을 내는 학교의 수는 늘어났다고 볼 수 있다. 입학금과 예
탁금이 모두 있는지, 어느 한 가지만 있는지, 둘 다 없는지를 분석할 자료
에 따르면, '입학금은 있고, 예탁금이 없는 학교'가 45.1%(23개)로 가장 많았
고, '입학금과 예탁금이 모두 없는 학교'가 33.3%(17개)로 그 다음, '입학금
과 예탁금이 모두 있는 학교'가 11.8%(6개), '입학금은 없고, 예탁금만 있는
학교'가 9.8%(5개)로 확인되었다.

<표5> 기독교 대안학교 입학금과 예탁금 여부

	입학금O 예탁금O	입학금O 예탁금X	입학금X 예탁금O	입학금X 예탁금X	전체
2016 기독교 대안학교	6	23	5	17	51
	11.8%	45.1%	9.8%	33.3%	100.0%

수업료는 1, 2차 실태조사에서 모두 월 수업료로 설문이 이루어졌으나, 이번 3차 실태조사에서는 연 수업료로 질문하였다. 2013년 기독교학교의 공공성 연구 때부터 연 수업료를 물어보기 시작했는데, 이는 일반적으로 학부모들이 궁금한 것은 월 수업료지만, 주로 분기나 학기로 내는 학교들이 많기 때문에 보다 정확한 통계는 연 수업료를 파악하는 것이기 때문이다. 이 때 수업료는 식비, 교통비, 체험활동비 등의 비용은 제외된 순 수업료를 의미한다.

연 수업료는 응답한 52개 학교 중에서 500만 원~750만 원인 학교가 32.7%(17개)로 가장 많았고, 250~500만 원인 학교와 1,000만 원 이상인 학교가 각각 15.4%씩(8개)으로 그 다음이었고, 수업료가 없는 학교가 11.5%(6개), 100~250만 원인 학교가 9.6%(5개), 100만 원 미만인 학교와 750~1,000만 원인 학교가 각각 7.7%(4개) 씩으로 확인되었다.

이러한 기독교 대안학교의 수업료 현황을 전체 미인가 대안학교의 수업료와 비교하면 의미있는 결과를 얻을 수 있다. 지난 2013년 5월, 교육부가 조사 발표한 "미인가 대안교육시설 운영 현황 조사결과"에 따르면, 연 1,000만 원 이상의 수업료를 내는 학교를 문제시 하고 있는데(교육부는 왜 1,000만 원의 기준을 설정하였는지에 대한 근거는 제시하지 않았다), 그 기준에 따르면 현재 기독교 대안학교의 15% 정도는 그런 학교에 해당한다고 할 수 있다.

수업료가 없다고 응답한 소위 기독교긍휼학교들이 증가한 것은 의미 있는 변화이지만 동시에 연 1,000만 원 이상의 수업료를 받는 학교가 2011년 1.4%에서 2013년 12.7%, 그리고 2016년에는 15.4%로 지속적으로 증가하고 있는 것은 우려할만한 변화라고 할 수 있다. 비인가 대안학교는 정부로부터 지원을 전혀 받지 못하기 때문에, 부득불 학비가 높아질 수밖에 없지만, 학비로 인해 기독교 대안학교에 자녀를 보내는 것을 주저하거나 포기하는 사례들을 볼 때, 학생들의 재정적 부담을 줄이기 위한 다각적인 노력이 필요하다고 할 수 있다. 고액 수업료에 대한 논란을 잠재우기 위해서는 정부의 지원 없이 운영되는 기독교 대안학교의 적정 수업료 규모가 어느 정도인지를 연구하여, 그 가이드라인을 제시할 필요가 있을 것이다.

〈표6〉 기독교 대안학교 연 수업료

연 수업료	없다	100만 원 미만	100만 원~250만 원 미만	250만 원~500만 원 미만	500만 원~750만 원 미만	750만 원~1,000만 원 미만	1,000만 원 이상	전체
2016 기독교 대안학교	6	4	5	8	17	4	8	52
	11.5%	7.7%	9.6%	15.4%	32.7%	7.7	15.4%	100.0%

연 수업료	없다	120만 원 미만	120~360만 원 미만	360~600만 원 미만	600~1,200만 원 미만		1,200만 원 이상	전체
2013 기독교학교의 공공성	1	6	10	15	23		8	63
	1.6%	9.5%	15.9%	23.8%	36.5%		12.7%	100.0

월 수업료	없다	10만 원 미만	10만 원~30만 원 미만	30만 원~50만 원 미만	50만 원~100만 원 미만	100만 원~150만 원 미만	150만 원 이상	전체
2011 기독교 대안학교	1	8	10	18	27	9	1	74
	1.4%	10.8%	13.5%	24.3%	36.5%	12.2%	1.4%	100.0%

2006 기독교 대안학교	7	9	12	9	2	39
	17.9%	23.1%	30.8%	23.1%	5.1%	100.0%

〈표7〉 2013년 학생부담금 규모별 시설수(학교급수 기준)

구분	면제	100만 원 미만	100만 원~ 250만 원	250만 원~ 500만 원	500만 원~ 1천만 원	1천만 원 이상	합계
시설수	32	20	22	34	64	31	203
%	15.8	9.9	10.8	16.7	31.5	15.3	100%
다문화	1	1	2	1			5
탈북학생	2		1				3
미혼모	3						3
부적응학생	15	10	6	8	19	7	65
일반대안교육	9	5	11	23	24	5	77
종교·선교	1		2	2	19	12	36
국제교육					1	7	8
기타	1	4			1		6

※ 부담금 규모 시설 수는 학교급으로 구분함(예를 들면 초·중학교 통합은 각각 구분)
출처: 교육부(2013). 미인가 대안교육시설 운영 현황 조사 결과. 보도자료.

3. 장학금 제도

학비에 대한 부담을 완화시키고 저소득층 자녀의 교육기회를 열어주기 위해 마련된 것이 장학금이다. 장학금 제도가 있느냐는 질문에 대해서는 7개 무응답 학교를 제외하면 47개 학교가 모두 있다고 응답했다. '아니오'에 응답한 학교는 한 학교도 없었다. 혹시 무응답학교를 장학제도가 없는 학교로 추정한다고 하면, 54개 응답학교 중 장학제도가 있다고 응답한 학교는 전체의 87.0%에 해당한다.

1장 한국 기독교 대안학교의 재정 실태 분석 31

<표8> 장학금 제도 유무

	예	아니요	무응답	전체
응답	47	0	7	54
비율	87.0%	0.0%	13.0%	100.0%
유효퍼센트	100.0%	0.0%		

어떤 대상에 대한 장학금 제도가 있는지를 복수 응답으로 물은 질문에 대해서는 "목회자, 선교사 자녀 장학제도"가 있다는 학교가 69.8%(37개)로 가장 많았고, "저소득층 자녀 장학제도"가 있는 학교가 56.6%(30개)로 다음으로 많았다. "다문화, 탈북학생 장학 제도"는 28.3%(15개), "성적 우수자 장학제도"는 18.9%(10개)로 그 뒤를 이었다. 기타 응답으로는 "다자녀 가정 장학제도", "교직원 자녀 장학제도", "(교회 설립인 경우) 교회 자녀 및 이사교회 자녀 장학 제도"(이 3가지 장학 제도는 많은 학교에서 시행되고 있어서 향후 질문 보기에 들어가야 할 것 같다), "갑자기 형편이 어려워진 학생 장학제도", "목회자 추천 장학제도", "선행, 모범 학생 장학 제도" 등이 있었으며, 탈북 청소년을 위한 학교에서는 거꾸로 "남한 학생 장학 제도"도 있었다.

<표9> 장학금 제도 항목

목회자, 선교사 자녀	성적 우수자	저소득층 자녀	다문화, 탈북학생	전체
37	10	30	15	53
69.8%	18.9%	56.6%	28.3%	100.0%

장학금 지급 방식으로는 학비감면이 79.2%(42개)로 가장 많고, 근로장학

7.5%(4개), 물품(교과서) 지원 9.4%(5개)로 확인되었다. 기타 응답으로는 현금 직접 지급이 5개 학교 정도가 있었다.

〈표10〉 장학금 지급 방식

학비 감면	근로장학	물품(교과서)	전체
42	4	5	53
79.2%	7.5%	9.4%	100.0%

전교생 대비 장학금 수혜자 비율은 응답학교 42개교 평균이 36.62%였고, 연 등록금 총액 대비 장학금 지출 비율은 34개 응답학교 평균이 19.56%였다(2011년 조사에서는 16.5%였음). 응답하지 않은 학교들의 장학금이 평균을 더 낮출 것이라 예상되기도 하지만, 더 많은 학교들이 장학금 제도를 통해, 학교로 들어오는 재정적 장벽을 낮추기 위해 노력하고 있음을 확인할 수 있다. 이러한 학생들을 위한 장학금 펀드에 후원하는 문화가 더 정착되기를 기대해 본다.

〈표11〉 장학금 지급 방식

	응답학교	비율	25%미만	25~50%	50~75%	75%이상
전교생 대비 장학금 수혜자 비율	42 / 54	36.62 %	14	17	6	5
연 등록금 총액 대비 장학금 지출 비율	34 / 54	19.56 %	24	9	0	1

4. 학교 결산

학교의 연 총 지출 총액(2015년 결산 기준)을 묻는 질문에는 39개교가 응답하였는데, 평균 11억 1천 2백만 원 가량이며(2011년 실태조사는 평균 13억 9천 8백만 원 가량), 최소 5천만 원부터 56억원 정도까지 있는 것으로 나타났다. 이 금액은 학교 규모(학생 수)와 학생 1인당 연간 학비에 영향을 많이 받을 것으로 보인다. 가장 많은 비중을 차지한 범주는 '5억 미만'으로 48.7%(19개)가 2015년 결산이 5억 미만이었다고 응답했다.

〈표12〉 연 총 지출 총액(2015년 결산 기준)

5억 미만	5-10억	10-15억	15-20억	20-25억	25-30억	30억 이상	전체
19	6	4	3	1	1	5	39
48.7%	15.4%	10.3%	7.7%	2.6%	2.6%	12.8%	100.0%

그렇다면 연 총 수입 비율은 어떻게 될까? 학부모(학생) 부담금이 평균 69.8%(2011년 조사 64.4%)로 가장 높고, 국가지원금이 12.7%, 후원금이 10.1%(2011년 조사 9.7%), 재단전입금이 4.4%, 수익사업은 0.2%였다. 국가지원금 비율이 높은 것은 국가로부터 재정 지원을 받는 몇 개의 학교들이 몇 개 있었기 때문이다.

인가된 특성화학교 등과 같이 70% 정도의 수입이 국가로부터 들어오는 학교들을 제외하고 다시 계산하면, 학부모(학생)부담금 78.6%(2011년 조사 70.7%)로 더 높아지는 것을 볼 수 있다. 기타 금액으로는 '외부로부터 받은 프로젝트비'와 '본교 학생 외에 외부에 여는 캠프나, 학교 건물이나 시설 임대 사업' 등으로 얻는 수입이 있었다.

　5년 전 조사와 비교할 때, 학부모가 지는 부담은 조금 올라가고, 운영주체로부터의 재단전입금은 약간 줄어든 것으로 파악된다. 후원금이 감당하고 있는 비중은 비슷한 것으로 보인다. 이러한 결과는 초기 대안학교들은 학교가 안정될 때까지 재단이 고정적인 지원을 꾸준히 하는 경향이 있는 반면, 어느 정도 안정된 이후에는 학부모 부담금으로 주로 운영되는 경향이 있기 때문인 것으로 추정된다.

　학부모 부담금 비율의 분포를 살펴보면, 학부모 부담금 비율이 80% 이상인 학교가 58.1%로 2011년 조사 38.1%에 비해 상당히 높아졌음을 확인할 수 있다. 학부모가 지는 부담을 줄이기 위해서는 학교를 운영하는 재단의 전입금 비율을 높이거나, 국가로부터 지원 받을 수 있는 비율을 높여야 한다. 자체 수익사업을 개발하는 등의 노력도 더 필요할 것으로 판단된다.

〈표13〉 기독교 대안학교 연 총 수입 비율(평균)

(응답 학교수=43개)	재단 전입금	학부모 부담금	국가 지원금	후원금	수익 사업	기타 비율	전체
전체 응답	4.4%	69.8%	12.7%	10.1%	0.2%	2.7%	100%
미인가 대안학교만	5.0%	78.6%	1.7%	11.7%	0.2%	2.8%	100%

〈표14〉 기독교 대안학교 학부모(학생) 부담금 비율

	20%미만	20~40%미만	40~60%미만	60~80%미만	80%이상	전체
2016 실태조사	5	4	2	7	25	43
	11.6%	9.3%	4.6%	16.3%	58.1%	100.0%
2011 실태조사	3	6	5	12	16	42
	7.1%	14.3%	11.9%	28.6%	38.1%	100.0%

지출항목에 포함되지 않는 외부 지원도 가능하다. 특히 교회가 교회 내에서 운영하고 있는 학교의 경우, 장소사용료나 공과금을 별도로 학교에서 내지 않고, 교회에서 함께 내거나, 교목 등의 특정 인력의 인건비를 교회에서 감당하기도 한다.

'장소 사용료 지원'을 받는 학교는 18.5%(10개), '공과금 지원'을 받는 학교는 9.3%(5개), '인건비 지원'과 '물품 지원'을 받는 학교는 각각 5.6%(3개)인 것으로 확인되었다.

5. 교사 월급

교사 복지는 공개하기를 꺼려하는 질문 중 하나다. 그러나 기본적인 교사 복지는 학교교육의 안정을 위해 매우 중요한 요소이므로, 확인해 볼 필요가 있다. 그런 의미에서 2011 실태조사에서 초임교사 월급에 대한 질문을 처음으로 추가하였다. 이번 조사에서는 초임교사 월급과 함께, 정교사의 4대 보험 여부와, 퇴직금 여부도 질문하였다.

그 결과 초임교사월급은 53개 응답학교 중 150만 원~200만 원 사이

가 26개교(49.1%)로 가장 많았다. 그 다음은 100만 원~150만 원이 12개교
(22.6%), 200만 원~250만 원이 9개교(17.0%), 100만 원 미만이 4개교(7.5%),
250만 원~300만 원이 2개교(3.8%)로 나타났다. 2011년 조사에 비해서는
'100만 원 미만'의 급여를 받는 학교가 많이 줄어든 것이 눈에 띈다.

초임교사 월 평균 급여 금액을 기입해 준 26개교에 따르면 기독교 대안
학교의 평균 초임교사 월급은 161만 원로 추정된다(2011년 조사 142만 원). 물
론 미응답 학교들의 월급은 더 낮을 수도 있기 때문에 실제와는 오차가 있
을 수도 있다. 또한 특성화학교는 많은 경우 교사의 인건비를 지방교육청
으로부터 지원받고 있기 때문에 일반 정규학교 교사와 같은 수준이라고 볼
수 있는데, 그에 비해 미인가 대안학교의 교사 처우는 더 열악한 편이라,
몇 개의 특성화학교 자료가 들어간 것이 전체 월급을 높여주는 효과를 낼
수도 있다.

〈표15〉 기독교 대안학교 초임교사월급

	100만 원 미만	100만 원~ 150만 원 미만	150만 원~ 200만 원 미만	200만 원~ 250만 원 미만	250만 원~ 300만 원 미만	300만 원 이상	전체
2016 실태조사	4	12	26	9	2	0	53
	7.5%	22.6%	49.1%	17.0%	3.8%	0.0%	100.0%
2011 실태조사	17	19	23	12	1	0	72
	23.6%	26.4%	31.9%	16.7%	1.4%	0.0%	100.0%

6. 정교사의 4대 보험과 퇴직금

정교사의 4대 보험(국민연금, 건강보험, 산재보험, 고용보험)에 대한 질문에 대해서는 전체 53개 응답학교 중 67.9%(36개)가 가입되어 있으며, 7.5%(4개)는 4대 보험 중 일부가 가입되어 있다고 응집했다. 약 75% 정도의 학교에서는 정교사의 4대 보험이 보장되고 있는 셈이다. 가입되어 있지 않다는 응답도 24.5%(13개) 정도가 있었다.

〈표16〉 정교사의 4대 보험

가입되어 있다	가입되어 있지 않다	4대 보험 중 일부	전체
36	13	4	53
67.9%	24.5%	7.5%	100.0%

정교사의 퇴직금의 경우에는 응답학교 42개교 모두가 정교사의 퇴직금이 있다고 응답하였다. 무응답 12개교에는 퇴직금이 없을 수도 있다고 추측해 볼 수 있다.

〈표17〉 정교사의 퇴직금 유무

	예	아니요	무응답	전체
응답	42	0	12	54
비율	77.8%	0.0%	22.2%	100.0%
유효퍼센트	100.0%	0.0%		

한국교육개발원에서 실시한 '2009 대안학교 실태연구'에 따르면, 대안학교 교사들이 근무하면서 느끼는 가장 큰 어려움은 '경제적 불안정'(34.2%)으로 나타났다. 기독교 대안학교가 기독교사들의 헌신과 열정에 의해서 운영되는 것은 강점이지만, 장기적으로 학교가 안정되게 운영되고 질 높은 교육이 이루어지기 위해서는 교사의 처우와 복지를 개선하는 노력이 필요하다. 그런 점에서 교사의 최소한의 월급과, 4대 보험, 퇴직금의 보장은 필요하다고 할 수 있다.

7. 학교 시설

기독교 대안학교의 학교시설 소유형태는 '자가 소유'가 52.8%(28개)로 가장 높았고, 월세, 전세, 장기임대 등의 '임대'가 30.2%(16개), '무상 사용'이 18.5%(10개) 순이었다.

2011년 조사에서 자기 소유의 비율이 77.9%까지 높았던 이유가 자가 소유의 의미를 교회가 설립하여 학교가 교회의 건물을 쓰는 것을 자가 소유로 인식했기 때문이라는 분석이 있었기에, 자가와 무상 사용을 구분해 보았으며, 월세, 전세, 장기임대 등의 구분이 특별한 의미가 없다고 판단하여 임대로 묶은 것이 이번 조사의 차이였다.

결론적으로 보면 자가 비율이 줄고, 임대 비율이 높아졌다고 할 수 있다. 그래도 한국교육개발원의 '2009 대안학교 실태연구'에서는 학교 소유의 건물을 가지고 있는 학교는 38개(42.2%)인데 반해, 임차 건물을 활용하는 경우가 52개(57.8%)로 자기 건물을 가지고 있지 못한 학교가 더 많았던 것에 비해, 기독교 대안학교는 자가 비율이 상대적으로 높은 것으로 판단된다.

〈표18〉 학교시설 소유형태

	자가	임대			무상 사용	전체
2016 실태조사	28	16			10	53
	52.8%	30.2%			18.5%	100.0%
	자가	전세	월세	장기임대	기타	전체
2011 실태조사	67	5	6	5	3	86
	77.9%	5.8%	7.0%	5.8%	3.5%	100.0%

　마지막으로 기독교 대안학교는 어떤 건물을 학교시설로 사용하고 있는지 물었다. 학교 독립건물은 사용하는 경우가 56.9%(29개)로 가장 많고, 교회건물 사용은 19.6%(10개), 건물(부분) 임대는 21.6%(11개)로 나타났다. 2011년 조사에 비해, 교회 건물 사용 학교의 비율이 줄어들고, 건물(부분) 임대의 비율이 늘어났음을 확인할 수 있다. 학교 시설의 소유 및 사용 형태는 어떠하든지 간에, 안정적인 교육이 가능한 시설을 확보하는 것은 학교교육의 안정성을 위해 매우 필요한 요청이라고 할 수 있다.

〈표19〉 학교시설의 사용형태

	학교 독립건물	교회 건물 사용	건물(부분) 임대	기타	전체
2016 실태조사	29	10	11	1	51
	56.9%	19.6%	21.6%	2.0%	100.0%
2011 실태조사	48	20	11	3	82
	58.5%	24.4%	13.4%	3.7%	100.0%

V. 나가는 말

한국의 기독교 대안학교는 재정적인 지원 체제가 제대로 갖추어진 상태에서 시작한 것이 아니다. 정부의 재정 지원 없이, 기업이나 재력가의 후원 없이 교회나 개인이 열악한 상황 속에서 기독교학교가 설립되고 운영되고 있다. 기독교 대안학교의 교사들이 허리띠를 졸라매고 박봉에도 불구하고 대안적인 기독교 교육을 위해 헌신했기 때문에 가능했고, 부모들이 부유하지 않은 살림이지만 올바른 자녀교육하기를 원하는 마음으로 등록금을 비롯한 교육비를 부담해가며 자녀를 기독교 대안학교에 보내었기 때문에 오늘에 이를 수 있었다. 교회가 설립한 기독교 대안학교의 경우는 다음세대 신앙교육을 위해 '빠듯한' 교회재정에서 지원하기도 하였다. 재정을 등록금에 절대적으로 의존할 수밖에 없는 대부분의 기독교 대안학교는 학생충원이 재정수입과 직결되기 때문에 학교홍보를 통한 학생모집에 많은 에너지를 소모하게 되는데, 학생충원의 어려움이 생기면 이는 바로 재정적인 문제로 귀결된다. 경기가 어려우면 등록금을 내지 못하는 학생이 속출하고 이는 등록금 미수금의 누적으로 이어지며 경영의 어려움을 가져오게 된다. 한국교회가 저성장시대에 접어들면서 교회가 학교를 지원할 수 있는 재원도 고갈되어 가고 있다. 이런 상황 속에서 개별 기독교 대안학교들은 존폐의 기로에 서 있게 되는 것이다.

기독교 대안학교들이 경영의 합리화와 효율화를 통해서 재정 규모를 적절하게 조절하는 노력은 지속적으로 요청되지만 보다 공동체적으로 기독교 대안학교의 재정 문제를 해결하려는 노력이 필요하다. 기독교 대안학교들이 수익사업을 하는 기관이 아니고 한국교회의 다음세대들을 하나님 나라의 일꾼으로 세우고, 민족과 사회를 위한 건강한 시민으로 키우는 사명을 감당하고 있다. 그리고 한국 교육의 대안을 모색하며 공교육의 개혁과 회복을 도모하는 공공성을 지니고 있기도 하다. 기독교 대안학교도 국가의 교육 기능을 수행하는 교육기관임을 다시금 분명히 하면서 국가의 재정 지원을 받을 수 있는 방안을 적극적으로 모색할 필요가 있다. 실제적으로 외국의 경우처럼 바우처(Voucher) 제도를 도입하는 것을 검토하여야 한다. 기독교 대안학교에 자녀를 보내는 경우도 교육세를 포함한 모든 세금을 내고 있기 때문에 국민 1인당에 해당하는 교육비를 바우처로 제공받아 이를 자녀가 다니는 학교에 제출할 수 있도록 하는 방안이다. 또한 한국교회가 기독교 대안학교를 교회의 사역으로 인식하고 이들 학교들을 지원하고 경제적으로 어려운 가정의 자녀들을 지원할 수 있는 방안을 공동적으로 모색할 필요가 있다. 교단별로 '기독교학교 후원회'를 조직하고 이를 활성화시키는 것도 중요한 개선 방안이 될 것이다. 미국 기독교개혁교단(Christian Reformed Church)이 해당 교단 산하의 기독교학교들에게 지원금과 장학금을 제공하는 것은 좋은 사례가 될 수 있을 것이다. 무엇보다 기독교 대안학교 지도자들이 함께 머리를 맞대고 재정 문제를 해결하기 위해 기도하고 의논하는 공동체적인 노력이 필요하다.

참고문헌

교육부(2013). 미인가 대안교육시설 운영 현황 조사 결과. 보도자료.
기독교학교교육연구소(2007).『기독교 대안학교 가이드』. 서울: 예영.
기독교학교교육연구소(2013).『기독교 대안학교 가이드』. 서울: 예영.
박상진(2013). "한국 초기 기독교학교의 쇠퇴에 관한 연구". (박상진 외)『기독교
　　　　학교, 역사에 길을 묻다』. 서울: 예영. 221-255
천세영(2001).『한국교육과 교육재정연구』. 서울: 학지사.

대한 예수교 장로회 조선 총회(1912).『제1회 총회 회록』.
대한 예수교 장로회 조선 총회(1913).『제2회 총회 회록』.
대한 예수교 장로회 조선 총회(1915).『제4회 총회 회록』.
대한 예수교 장로회 조선 총회(1916).『제5회 총회 회록』.
대한 예수교 장로회 조선 총회(1917).『제6회 총회 회록』.
예수교 장로회 대한 노회 제1회 회록(1907).
예수교 장로회 대한 노회 제5회 회록(1911).

2장

기독교 대안학교와 공적 재정 지원

이길재(충북대, 교육학)

I. 들어가는 말

2005년 대안학교법 통과와 함께 대안학교는 법적지위를 획득하게 되었다(이종철, 2015). 법제화 방식을 기준으로 대안학교는 대안교육 특성화학교, 각종학교로서의 대안학교 그리고 미인가 대안교육기관으로 구분된다(이종철, 2015). 상대적으로 완전한 법적테두리 내에서 운영되는 특성화학교는 총 37개교(중학교 12개교, 고등학교 25개교)가 있으며, 각종학교로서의 대안학교는 24개교, 그리고 미인가 형태로 약 250개의 대안학교가 운영 중에 있다(이종철, 2015).

미인가 대안학교의 경우 학교로서 요구되는 기본적인 법적 요건을 갖추고 있지 못한 경우가 많으나, 경쟁위주의 공교육에 대한 대안교육을 찾는 교육수요자의 욕구가 맞물려 미인가 대안학교의 통계치는 급격히 증가하고 있다. 이들 중 상당수는 종교계 학교(특성화중학교의 50%, 특성화고등학교의 48%, 인가 대안학교의 54%)라는 점을 고려하면, 대안교육과 종교교육의 접점이 형성된다(이종철, 2015).

미인가 대안학교가 법적인 지위를 획득하는 인가 대안학교가 되는데 있어 가장 큰 장애물은 학교 건물의 소유여부와 자격을 소지한 교원의 확보이다. 이러한 현실적인 한계를 반영하여 인가제 대신 등록제를 도입하자는 의견이 대두되기 시작하였지만(이종철, 2015), 대부분의 미인가 대안학교는 커리큘럼, 교육비 등에서 법의 간섭을 피해 신앙교육의 자율성을 확보하고자 자발적 미인가 대안학교로 남아 있다.

기독교 대안학교는 현재 공교육 밖의 수많은 학생들에 대해 기독교 정신에 기초하여 사회적 자립과 지성교육에 헌신하고 기여할 수 있다는 점에서 공교육과 상보적인 관계에 있다고 할 수 있다. 학교 밖 청소년은 2012년 기준 약 28만명으로 추산되고 있다(관계부처 합동, 2015). 학업중단은 개인적으로 청소년의 사회적인 자립을 저해하고 국가적으로는 인적자원의 손실은 물론이고 범죄율 증가의 원인으로 작용하여 추가적인 사회적 비용발생의 원인으로 작용할 수 있다(김성기, 2013). 이러한 배경에서 이하에서는 학교 밖 학생들의 교육에 대한 기독교 대안학교에 대한 공적 재정 지원 방식의 일환으로서 미국 및 국내에서 활용되고 있는 교육바우처 제도의 현황을 살펴봄으로써 기독교 대안학교에 대한 공적 재정 지원의 가능성을 탐색해보고자 한다.

Ⅱ. 교육바우처 제도의 개념 및 유형

교육바우처는 정부가 학령기 아동의 학부모에게 바우처를 지급하고 학부모는 자녀의 학교를 자유롭게 선택한 후, 지급받은 바우처를 학교에 제출하면 학교는 이를 근거로 정부로부터 재정 지원을 받는 제도이다. 교육바우처는 공·사립학교의 선택을 가능하게 하여 학교 간 경쟁을 유발하는 장치로 작용하고 있으며, 학생과 학부모의 선택에 의한 입학, 시장적 책무성, 자율적인 학교 운영이라는 기본적 운영구조를 가지고 있다. 미국에서 실시되고 있는 교육바우처는 시행 주체에 따라 바우처를 지급하는 목적, 형태, 및 정도가 다르지만 교육비 배분을 학교 선택과 연계시킨 제도라 할 수 있다(유한욱, 2006).

교육바우처 제도는 다음과 같은 두 가지 유형이 있다. 첫째, 학부모들이 교육행정 당국에 교육비로 사용될 조세를 납부하고, 교육행정당국은 학부모가 직접 선택한 학교에 다닐 그들 자녀의 교육비를 보증하는 것이다. 학부모는 자녀가 취학할 학교를 직접 방문하여 학교를 평가, 선택하고, 선택한 학교에 바우처(교육비지불보증서)를 제출하면, 학교는 그 바우처를 수합하여 이를 교육행정당국에 제출하고 교육행정당국으로부터 공교육비를 배분받는 제도이다. 이는 넓은 의미의 바우처 제도를 의미하며, 적자생존의 경제적 논리에 입각하여 공공재원을 교육행정기관에 배분하던 종래의 교육재정 운영방식을 학부모에게 직접 지원하는 방식으로 변경하고, 학부모가 부담하는 교육경비 외에는 교육기관에 별도의 재정 지원을 하지 않음으로써 학부모에 의하여 선택받지 못한 교육기관의 존립을 어렵게 하여 교육서비스의 질을 제고하려는 목적을 가진다(이선호, 2003).

둘째, 학교 바우처 제도는 열악한 공립학교에 다니는 학생들에게 1인당 교육비 범위 내에서 일정 금액을 지원하여 해당 학생이 그 바우처를 가지고 자신이 원하는 사립학교에 등록할 수 있도록 하는 제도이다. 이는 저소득층 자녀들이 사회·경제적으로 열악한 환경에 속하는 가정배경 때문에 교육의 기회를 박탈당하는 일이 생기지 않도록 교육기회를 보장하여 주는 복지 제도적 성격을 가지고 있는 것이다. 교육 바우처 제도는 교육기회의 불평등을 해소하고 학부모의 교육선택권을 강화함에 따라 궁극적으로 공교육 체제에서 국가가 적극적으로 교육에 관여하여 경제적 약자들에게 교육의 공공성과 균등한 교육기회를 제공하고 양질의 교육을 제공할 수 있는 방안으로 볼 수 있다(이선호, 2003).

III. 미국의 교육바우처 제도

1. 미국 교육바우처 제도의 현황 및 유형

미국에서는 24개 이상의 교육바우처 프로그램이 14개 주 및 DC에서 운영되고 있다. 2014년에는 14개의 주가 바우처 프로그램의 일환으로 세금공제에 의한 장학금 프로그램을 실행함으로써 190,000명에 대해 등록금을 지원하였다. 바우처에 의한 학교선택, 차터 스쿨, 온라인 학습, 교사의 질, 투명성 등에 기초하여 평가된 미국의 교육기회지수(Education Opportunity

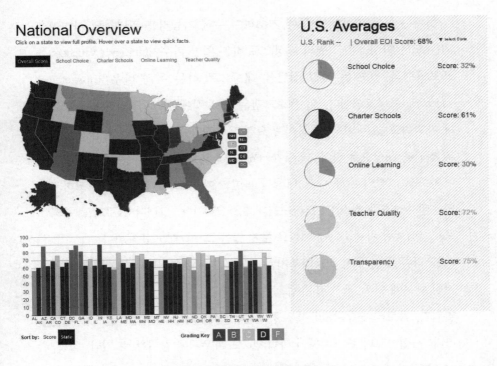

[그림 1] Education Opportunity Index
출처 : http://educationopportunityindex.edreform.com/

Index)를 살펴보면, 바우처에 의한 학교선택은 미국 평균 32%, 차터 스쿨은
61%로 나타나고 있다(http://educationopportunityindex.edreform.com/).

　　교육바우처의 기원을 보면, 지난 1962년 프리드만은 미국 공립학교체제
가 자유주의와 시장경제원리에 어긋난다고 주장하면서 공립학교의 책임성
과 효율성을 제고하기 위해 학교선택권을 주장한 이후 레이건 정부에 이르
러 본격적으로 학교선택권을 도입하기 시작하였다. 대부분의 주는 지원 대
상 학생집단을 기준으로 크게 두 가지의 바우처 제도를 운용하고 있다.

첫째는 보통 가계의 소득에 기초하여 수혜 가능자를 판단하되 자격이 되는 모든 학생들을 지원의 대상으로 하는 일반 바우처(universal vouchers) 프로그램과, 둘째는 특정 집단을 대상으로 하는 목적 바우처(targeted vouchers) 프로그램이다. 이 프로그램은 주로 장애 학생, 열악한 공립학교에 재학하고 있는 학생, 돌봄이 필요한 유아집단 등 일반적인 학생들의 하위 집단을 대상으로 한다(Center for Education Reform, 2014). 동 보고서는 바우처 프로그램의 수혜 대상 학생이 속한 가계의 소득의 범위를 보고하고 있는데 4인기준 최소 $43,568-최대 $70,650이다. 그러나 콜로라도 주의 프로그램처럼 가계소득에 제한을 두지 않는 프로그램도 존재한다.

또 다른 차원에서, 교육바우처는 주별로 학교유형이나 종교기반 학교의 지원 여부에 따라 네 가지 유형으로 구분해 볼 수 있다. 첫째, 클리브랜드, 밀워키, 플로리다 주 등의 경우 공교육 예산을 모두 학교선택권으로 지원한다. 사립학교나 종교계통의 사립학교도 바우처에 참여할 수 있다. 둘째, 비종교학교에 한하여 공교육예산을 바우처로 지원하는 지역으로 메인주, 버몬트 주 등을 들 수 있다. 지난 1999년 버몬트 주 대법원은 종교학교에 대한 바우처 지원을 위헌으로 판정하였다. 즉, 종교학교에 대한 국가지원 금지가 학부모의 선택권이 우선시 되는 것으로 판정하였다. 셋째, 공립학교만 바우처 운용을 허용한 지역으로 노스다코다, 애리조나, 캔자스, 콜로라도, 델라웨어, 아이오와, 미네소타, 네브래스카, 유타, 위시컨신 등을 들수 있다. 넷째, 공립학교 간 선택을 학교구 내에서만 허용하는 주로 코네티켓, 캘리포니아, 아이다호, 조지아, 메인, 미시간, 뉴저지, 오하이오, 오레곤, 뉴욕, 사우스케롤라이나, 뉴햄프셔, 미주리, 매사스츄세츠, 켄터키, 워

싱턴 주 등을 들 수 있다. 여기서 뉴저지, 노스다코다, 오하이오, 테니시, 워싱턴 주의 경우 주 전체 공립학교로 바우처 제도 실시를 요구하였지만 학교구에서 이를 수용하지 않고 있다고 한다(정광호, 2007).

학교선택증진을 위한 Friedman 재단은 2014년에 기록적인 가계가 사립학교에서 수학하기 위해 바우처 프로그램들을 활용하고 있음을 보고했다 (Center for Education Reform, 2014). 미국의 경우 대부분의 주에서 바우처 프로그램의 확대를 위한 법률정비를 계획하고 있는 것으로 밝혀졌다. 인디애나 주의 경우 주 의회는 사립학교 정원을 늘이기 위한 추가적인 재정 지원을 고려해야하는 처지에 놓이게 되었다.

2. 미국 주요 주별 교육바우처 제도[1]

이 중 위스콘신, 오하이오, 및 미주리 주에서 실행된 바우처제도에 대해 수혜대상, 운영방식, 성과 등을 살펴보면 다음과 같다.

가. 미국 위스콘신 주 밀워키의 학교바우처 제도(Milwaukee Parental Choice Program: MPCP)

가장 먼저 바우처 제도가 실험적으로 실시된 곳은 위스콘신 주 밀워키

---

[1] 김홍원(2006). 방과후학교 바우처 제도 도입 방안 연구. 교육인적자원부. 의 pp. 29~33을 요약 발췌함

시이다. 위스콘신 주의 경우, 공립학교와 특수목적의 무종파(nonsectarian) 공립학교인 차터스쿨(Charter Shool) 등 공립학교의 비중이 약 86%였다. 밀워키시의 바우처 제도는 부모들의 공교육에 대한 불만에 대응하여 1989년에 입안되었고 1990년부터 시행되었으며, 저소득층 아동들에게 사립학교를 이용할 기회를 제공하는 것이 주요 목적이었다. 최초에는 밀워키시 공립학교 학생의 1%가 이 제도의 적용을 받다가, 1994년에는 1.5%로 확대되었다. 수혜학생은 가계소득이 연방빈곤수준(federal poverty level)의 175% 이하인 가정의 유·초·중등 학생으로서 전년도 사립학교 등록학생의 경우, 3학년 이하여야 한다는 제약이 있었다. 바우처 대상학교는 일정 자격조건을 만족하는 사립학교(유치원~12학년)였다. 대체로 소득 $21,000 이하 가구가 연간 $3,200를 지원받았다. 세부 운영사항을 보면, The Wisconsin Department of Public Instruction(이하 DPI)라는 공공 기관이 총괄 감독기관의 역할을 담당하였다. 구체적으로 명시적 바우처 형태로 각 학생과 학부모는 DPI로부터 지원서 양식을 교부받고 원하는 학교에 지원 서류를 제출하면, 학교는 해당 학생의 지원 서류를 검토하여 입학 허가 여부를 결정하는 방식으로 운영되었다. 일단 입학 허가를 받은 학생·학부모는 DPI로부터 바우처를 발급받고, 이를 해당 학교에 제출하면 해당 학교는 학생으로부터 받은 바우처를 DPI에 제출하고, DPI는 바우처 해당 금액을 해당 학교에 4회에 걸쳐 환급해 주는 절차로 운영되었다. 바우처 제도 예산의 55%는 주정부 일반수입에서, 45%는 공립학교를 위한 예산에서 지원되었다.

밀워키시의 경우, 바우처 제도의 효과에 대해서는 긍정적 평가와 부정적 평가가 상존하고 있다. 긍정적 효과로는 참여 학교 수가 증가하였다는 점에서 교육의 기회가 확대되고, 저소득층 학생들의 사립학교 이용이 증가하였으며, 무작위로 학생을 선발한 덕분에 사립학교들이 우수 학생들만을 선발하려는 행동은 나타나지 않았다. 또한 학부모의 교육 참여도 증대한 것으로 나타났다. 부정적 효과로는 우선 재정적으로 불안정한 학교들의 경우 학교가 폐쇄되기도 하였고, 홍보 부족 및 인근지역의 공립학교, 차터스쿨 등 대안학교의 존재로 인해 바우처 초과공급현상이 발생하기도 했다. 재정측면에서는 바우처 예산과 공립학교 예산의 대체관계로 인한 공립학교 지원에 대한 재정부담 증가로 주민들의 재산세 부담이 증가하기도 했다. 학업성취도 제고효과에 있어서 초기의 연구들은 대체로 이 제도가 큰 효과가 없다는 결과를 보여 주었지만, Rouse(1998)의 연구에서는 이 프로그램의 혜택을 입은 학생들이 그렇지 않은 학생들에 비해 수학과목에서는 어느 정도 발전이 있었다는 결과가 나타나기도 하였다.

나. 미국 오하이오 주 클리브랜드의 학교바우처 제도

클리브랜드는 흑인인구 비중이 크며 문제 있는 학군이 많은 편이다. 부모들의 공교육에 대한 불만족에 대응하여 1995년부터 시행된 CSTP(Cleveland Scholarship and Tutoring Program)의 두 가지 프로그램 중 하나가 바우처 제도이다. 바우처 제도의 주요 목적은 클리브랜드에 거주하는 저소득층 출신의 학생들에게 클리브랜드 내 사립학교 및 인근지역 공립학교를 이용할 기회를 제공하는 것이었다. 수혜학생은 클리브랜드에 거주하는 3학년 이하의 학생(공·사립 불문)이며, 대상학교는 일정 자격조건

을 만족하는 클리브랜드 내 사립학교 및 인근 지역 공립학교(유치원~8학년)
였다. 바우처 금액은 소득수준에 반비례하는 방식으로 지급되었는데, 가계
소득이 빈곤수준의 200% 이상인 경우에 수업료의 75%와 $1,875 중 적은
금액이, 가계소득이 빈곤수준의 200% 미만의 경우에는 수업료의 90%와
$2,250 중 적은 금액이 지급되었다. 이 금액은 주 정부가 충당해야 하는 초
중등학교 학생 1인당 표준 교육비의 각각 15.12%, 18.14%에 해당된다(아래
〈표1〉 2011년 1인당 표준교육비 기준). 추가지불도 허용되었지만, 바우처 금액
의 10%를 초과할 수 없다는 제한이 있었다. 이와 같이 각 주의 학생 1인당
교육비를 계산하여 바우처로 제공하는 지원방식을 택한 주로 메인주와 버
몬트 주가 대표적이다(Center for Education Reform, 2014). 공립 초중등학교
의 학생 1인당 교육비의 추이를 제시하면 아래 〈표1〉과 같다(National Center
for Education Statistics : https://nces.ed.gov).

〈표1〉 초중등학생 1인당 표준 교육비

연도	물가지수미반영	물가지수반영
1990–91	5,484	9,621
1991–92	5,626	9,565
1992–93	5,802	9,566
1993–94	5,994	9,632
1994–95	6,206	9,695
1995–96	6,441	9,796
1996–97	6,761	9,998
1997–98	7,139	10,372
1998–99	7,531	10,754
1999–2000	8,030	11,145
2000–01	8,572	11,503

연도	물가지수미반영	물가지수반영
2001–02	8,993	11,858
2002–03	9,296	11,995
2003–04	9,625	12,153
2004–05	10,078	12,354
2005–06	10,603	12,520
2006–07	11,252	12,951
2007–08	11,965	13,280
2008–09	12,222	13,379
2009–10	12,133	13,154
2010–11	12,054	12,811
2011–12	12,010	12,401

감독기관은 오하이오 주 교육부였으며 제도 시행과 함께 CSTO(The Cleveland Scholarship and Tutoring Office)라는 행정업무 담당기관을 신설하였다. 명시적 바우처의 형태로 학부모 혹은 후견인에게 바우처를 발급해주면, 각 학교는 학부모가 서명한 바우처를 받아 CSTO에 제출하고, CSTO는 바우처 상환보고서를 교육부에 제출하는 방식으로 운영되었다. 2회에 걸쳐 바우처 상환이 이루어지고, 바우처 수요가 할당된 바우처 수를 초과하는 경우, 저소득층 우선의 무작위추출방식으로 수혜대상이 결정되었다.

예산 지원은 주정부 일반 수입과 공립학교 지원 예산에서 이뤄졌는데, 2001년의 경우 51개의 사립학교가 참여하고 있으며, 이 중 90%가 종교계 학교였다. 클리블랜드 바우처 제도 역시 긍정적 효과와 부정적 효과가 병존하고 있다. 우선 긍정적인 측면을 보면 바우처 대상학교 수가 증가하였고, 학교 선택권도 강화되었다. 저소득층 학생들의 사립학교 이용도 증가하였다. 밀워키시와 마찬가지로 학교들이 무작위 추출방식을 취했기 때문에 우수 학생을 선택하려는 모습은 나타나지 않았다. 부정적 효과로는 수혜대상 설정이 불명확하여, 4학년 이상의 저소득층 학생들이 수혜대상에서 제외되는 반면에 중 · 상위 소득층 학생들은 수혜대상에 포함된 것을 들 수 있다. 학업성취도 제고효과는 불확실한 반면, 총비용의 15%에 이르는 과다한 행정비용이 들었다는 비판도 있다.

다. 미국 미주리 주 세인트루이스 시 방과후활동 바우처 제도

미주리 주 세인트루이스 시에서는 13~21세의 장애학생들을 위한 방과후 바우처 프로그램(After School/Extended Day Family Voucher Program)을 운영한다. 방과후 바우처 프로그램은 여가협의회(The Recreation Council)에서 시에서 예산지원을 받아서 운영한다. 일반학생들을 위한 대부분의 방과후 프로그램은 12세에 끝난다. 장애학생들은, 가족들이 일을 할 경우, 집에서 혼자 생활하기 어렵고 생활도 제한된다. 따라서 장애학생이 있으며, 가족들이 일을 하는 가정에 대해서 바우처 제도를 적용한다. 바우처 프로그램은 학교가 수업을 하는 평일 오후 3~6시 사이에 수행된다. 대상이 되는 가정은 대상학생이 해당 거주지역에 살며, 특별한 장애가 있으며, 학생을 돌볼 가족구성원들이 오후 3~6시 사이에 일을 하고 있다는 증명서를 제출해야 한다. 이 프로그램은 기금을 받아 운영되기 때문에 2006년 8월 15일부터 2007년 6월 15일까지만 적용되었다.

Ⅳ. 한국의 교육바우처 제도[2]

교육바우처 제도는 학부모에게 세금의 일부인 공적 자금을 제공하여 자녀들을 원하는 학교에서 공부할 수 있도록 하는 제도로서, 학생과 학부모에게 학교 선택권을 부여함으로써 공립학교 혹은 사립학교 중 원하는 학교를 선택하고 수업료의 전부 혹은 일부를 국가가 지원하는 것이다. 지금까지 실시된 교육바우처 제도를 살펴보면 다음과 같다.

1. 만 5세아 무상교육비 지원

본 교육비의 지원 목적은 두 가지이다. 첫째, 모든 만 5세아가 초등학교 취학 전에 양질의 교육을 받을 수 있도록 교육비를 지원하여 교육출발점 평등 구현하자는 것이다. 둘째, 과다한 유아교육비로 인한 학부모의 경제적 부담완화 및 여성의 사회경제활동을 지원하는 것이다. 1999년 최초 도입된 이 제도는 근로자 평균임금의 100%이하의 가구에 지급되며, 법정 저소득층 및 기타 저소득층 자녀 중 초등학교 취학직전 1년 아동을 대상으로 한다. 국공립 보육 교육기관 및 정부가 인가한 사립 보육 교육기관이 공급자 역할을 하였다.

---

2 최성은(2008). 사회복지서비스 분야의 바우처 제도 현황과 전망. 서울복지포럼자료집원고. pp. 28~31를 요약 발췌함

2. 저소득층 만 3, 4세아 교육비 지원

1991년 도입된 저소득층 만 3, 4세아 교육비 지원은 저소득층 자녀 만 3, 4세아 유아교육 기회를 확대하고, 학부모의 유아교육비 부담을 완화하여 교육복지 구현(교육출발점 평등) 및 여성의 사회활동을 지원하는 데 그 목적이 있다. 이 사업은 국민기초생활 수급권자(1층), 차상위계층(2층), 차차상위계층 등(3, 4, 5, 6층)을 대상으로 시행되었다.

3. 두 자녀 교육비 지원

저소득층(도시근로자 월평균소득 100%이하) 가정에서 두 자녀가 동시에 유치원 취원 시 둘째 자녀의 교육비를 지원하여 학부모의 교육비 부담을 경감해 주는 것이 목적이며, 국고와 지방비의 비율을 5대5로 하는 것을 조건으로 하였다. 도시근로자 중 월평균소득 이하의 가정을 대상으로 하며, 총 지원규모는 10,000명가량으로 추정된다.

4. 장애유아 무상교육비 지원

특수교육진흥법에 규정된 만 3~5세 특수교육 대상 장애유아의 유치원 학비지원으로 유치원 과정의 완전 무상교육을 실현하고, 특수교육 기회확대를 통한 특수교육 대상 유아의 장애경감, 2차 장애예방 및 성장 발달 촉진을 통해 장애유아 가정의 생활안정 및 교육복지 증진을 기본 목적으로

하는 사업이다.

5. 방과 후 학교운영 지원

방과 후 학교운영의 목적은 크게 4가지로 구분된다. 첫째, 사회양극화 완화를 위해 교육격차를 해소하는 것이다. 소득 계층별 지역별 교육비 지출 격차는 단기적으로는 학업성취도의 격차로, 장기적으로는 학력 간 임금 및 소득격차로 이어지기 때문에 양극화 완화를 위해 교육격차의 해소가 우선되어야 한다는 것이다. 둘째, 저출산 고령화 등 사회변화에 부응하는 교육서비스 요구가 증대하기 때문이다. 맞벌이 부부가 증가하고 한 부모 가족 등 가족형태가 변화하며, 근로 빈곤층의 증가 등으로 방치되는 학생이 증가하기 때문에 이러한 변화에 알맞은 교육서비스의 요구가 높아지고 있다. 셋째, 사회에 진출한 여성들이 안심하고 일할 수 있도록 교육뿐 아니라 보육 프로그램이 강화된 프로그램이 필수적이게 되었다. 마지막으로, 사교육비 경감을 위한 방과후 교육활동 개선에 대한 필요성이 증대되었기 때문이다. 방과후학교 바우처 사업이 시작된 시점은 2005년이다. 당시 초중고 48개 학교를 대상으로 시범 도입 되었으며 2006년에는 자율성, 다양성, 개방성이 확대된 혁신적인 교육체제로서 본격적으로 도입되었다.

V. 나가는 말: 기독교 대안학교에 대한 바우처 제도 실행 가능성 탐색

2016년 현재 국내 대안학교 500여 개 중 인가 학교는 5%미만이며, 대부분은 커리큘럼, 교육비 등에서 법의 간섭을 피해 신앙교육의 자율성을 확보하고자 자발적 미인가 대안학교로 남아 있다. 특히 기독교 대안학교의 경우 현재의 대안학교법으로는 교회가 원하는 신앙교육과 지성교육을 실시할 수 없다는 점에서 대부분 자발적 미인가 대안학교로 운영되고 있다. 그러나 이러한 자발적 미인가 기독교 대안학교는 현재 공교육 밖의 수많은 학생들을 대상으로 기독교 정신에 기초하여 사회적 자립과 지성교육에 헌신하고 있음을 주목할 필요가 있다.

이혜영 외(2009)의 「대안학교 운영 실태 분석 연구」에 따르면(〈표2〉), 비인가 대안학교는 전인적 성장, 진로 교육, 공동체 교육 등에서 일반학교보다 훨씬 높은 성취를 보이고 있는 것으로 조사되었다. 이 연구에 의하면 학부모, 학생의 평가와 만족도에서 일반학교 및 대안교육 특성화학교에 비해 비인가 대안학교가 일관되게 더 높은 평가를 받는 것으로 나타났다. 특히 기독교 대안학교의 경우 수많은 학교밖 청소년들에게 신앙을 기반으로 하는 참된 공교육을 실천할 수 있으며, 기독교 대안학교의 운영 성과가 연구를 통해서도 확인되고 있다는 점에서 이에 대한 공적 재정 지원의 정당성을 찾을 수 있다.

<표2> 학생의 학교에 대한 인식 및 평가

주제	항목	응답자 유형	M	주제	항목	응답자 유형	M
학교 생활에 대한 인식	나는 학교에서 지내는 시간이 즐겁다	특성화	2.96	교육 내용의 적합성과 난이도	학교의 교육내용 중에 시대에 뒤떨어진 내용이 많다	특성화	2.01
		비인가	3.17			비인가	1.97
		위탁형	3.02			위탁형	2.19
		일반	2.84			일반	2.37
	나는 학교를 빨리 벗어나고 싶다	특성화	2.36		학교의 교육내용은 너무 어렵다	특성화	2.21
		비인가	2.10			비인가	2.06
		위탁형	2.27			위탁형	2.15
		일반	2.55			일반	2.88
	학교의 규칙을 정할 때 학생들의 의견이 반영된다	특성화	2.77		학교에서 배워야 할 교과목 수와 내용이 많다	특성화	2.21
		비인가	3.07			비인가	2.06
		위탁형	2.81			위탁형	2.15
		일반	2.08			일반	2.88
	학교는 학생들이 학교에 대해 요구하고 주장하는 것을 싫어한다	특성화	2.17		학교의 교육내용 중에 실생활과 유리된 내용이 많다	특성화	2.50
		비인가	1.83			비인가	2.79
		위탁형	2.25			위탁형	2.41
		일반	2.71			일반	2.33
학생의 개별성 존중 정도	학교에서 학생 개개인인 하나의 인격체로서 존중받고 있다	특성화	3.05	수업의 다양성	나는 학교 수업에서 배우는 즐거움을 느낀다	특성화	2.65
		비인가	3.28			비인가	2.94
		위탁형	2.98			위탁형	2.80
		일반	2.42			일반	2.39
	학교에는 개인적인 어려움이 있으면 언제라도 상의 할 수 있는 선생님이 계신다	특성화	3.18		학교에서는 모든 학생이 능력에 맞추어 공부할 수 있다	특성화	2.49
		비인가	3.32			비인가	2.85
		위탁형	3.14			위탁형	2.80
		일반	2.50			일반	2.15
학교에 서의 공동체 체험	학교에서 나는 다른 사람을 존중하고 함께 협력하는 태도를 배운다	특성화	3.04		수업 시간에 학생들이 직접 참여하는 활동 기회가 많다	특성화	2.90
		비인가	3.18			비인가	3.21
		위탁형	2.91			위탁형	2.95
		일반	2.54			일반	2.19
	나는 학교에서 쉽게 친구를 사귈 수 있다	특성화	3.04		수업 시간에 다양한 학습 자료를 활용한다	특성화	2.79
		비인가	3.10			비인가	2.95
		위탁형	3.05			위탁형	2.85
		일반	2.90			일반	2.36
교육 과정의 지향	학교는 교과 공부이외에 다양한 체험학습과 문화 체육 활동 기회를 제공한다	특성화	3.13		수업 시간에 강의 이외에 다양한 방법으로 공부한다	특성화	2.72
		비인가	3.25			비인가	3.02
		위탁형	3.06			위탁형	2.84
		일반	2.12			일반	2.13

주제	항목	응답자 유형	M	주제	항목	응답자 유형	M
교육 과정의 지향	학교는 학생들이 나름의 꿈을 갖고 진로로 설계하도록 돕는다	특성화	2.90	평가에 대한 지향	학교에서는 수업 내용에 따라 다양한 평가 방법을 사용하고 있다	특성화	2.76
		비인가	3.10			비인가	2.81
		위탁형	2.93			위탁형	2.65
		일반	2.41			일반	2.39
	학교에서는 나의 소질과 특기를 계발할 수 있게 해 주고 있다	특성화	2.72		학교에서 시험을 너무 자주 본다	특성화	2.08
		비인가	2.91			비인가	1.59
		위탁형	2.73			위탁형	1.85
		일반	2.07			일반	2.51
	학교에서는 미래사회에 적응할 수 있는 능력을 길러주고 있다	특성화	2.86		학교에서는 시험 준비 위주로 수업을 진행하고 있다	특성화	2.20
		비인가	2.91			비인가	1.63
		위탁형	2.83			위탁형	2.22
		일반	2.35			일반	2.80
학교 교육의 효용성	학교에서 내가 배우고 싶은 것을 배우고 있다	특성화	2.64		내가 공부를 하는 이유는 시험을 잘 보기 위해서이다	특성화	2.43
		비인가	2.95			비인가	1.80
		위탁형	2.69			위탁형	2.30
		일반	2.15			일반	2.90
	내가 배우고 싶은 것을 학교 밖에서 더 잘 배울 수 있다	특성화	2.64	학교 시설·설비의 양과 질	학교 시설과 기자재가 잘 갖추어져 있다	특성화	2.77
		비인가	2.53			비인가	2.48
		위탁형	2.62			위탁형	2.73
		일반	2.79			일반	2.49
	나는 학교 수업보다 학원 및 과외를 통해 공부하는 편이다	특성화	1.52		학교 시설과 기자재를 자유롭게 활용할 수 있다	특성화	2.50
						비인가	2.41
		비인가	1.45			위탁형	2.67
						일반	1.97
		위탁형	1.69		학교 시설과 설비는 안전하고 쾌적하다	특성화	2.67
						비인가	2.69
		일반	2.21			위탁형	2.80
						일반	2.26

출처: 이혜영 외(2009). 대안학교 운영 실태 분석 연구. 한국교육개발원.

따라서 정부는 학업을 중단하거나 대안교육을 받는 학생들에게 대안교육 바우처를 제공해 주는 방안의 도입을 고려할 필요가 있다. 대안교육지원센터나 혹은 학업중단 예방 중점 대안교육기관에서 발급하는 바우처를 학업중단 학생이나 대안교육을 원하는 학생에게 무료로 제공하고 학생들은 대안교육기관에 대안교육바우처를 제공하고 대안교육을 받게 된다. 대안교육기관에서는 학생들에게 받은 대안교육바우처를 교육청에 제시하고 그 대가로 현금을 지급받는다. 대안교육바우처제도는 학교 밖 학생들이 기존의 학교 이외의 대안교육 공간에 접근할 수 있는 기회를 제공해 주어서 교육적으로 바람직하며, 국가나 교육청의 입장에서는 학교 밖 청소년들에 대한 공교육의 지원을 확대할 수 있게 된다. 대안교육기관의 입장에서는 현실적으로 더 많은 대안교육 바우처의 확보를 통한 재정 확충을 위하여 교육프로그램과 학교경영 개선 노력을 경주할 것이다(조혜정 외, 2011).

　바우처는 부모나 보호자에게 지급하고 바우처 대상 기관으로 인정을 받은 곳에서만 쓸 수 있도록 제한을 두어야 한다. 바우처는 '1인당 공교육비'에 상응하는 금액을 지원하는 것이 취지에 맞으나 실현 가능한 일정 수준에서 시작하여 점차 지원액을 확대해 나가는 방식을 고려할 수 있다. 아울러 바우처를 모든 대안학교 학생들에게 지급하는 것이 어렵다면, 미국처럼 가계소득을 고려하여 기초생활수급자부터 시작하여 점차 대상을 확대해 나가는 것도 방법이다. 끝으로, 현재 바우처 프로그램을 확대 중에 있는 미국의 경우에 비교하여 적절한 1인당 지원가능 액을 계산해보면 다음과 같다. 이를 위해 먼저 우리나라 초중등 학교의 표준 공교육비를 산출할 필요가 있다. 우리나라의 학생 1인당 공교육비 지출액은 초등학교 $4,691, 중고등학교 $6,645, 대학교가 $7,606으로 OECD 평균(초등학교 $6,252, 중고등학교 $7,804, 대학교 $11,512)보다 낮다(진동섭, 2008). 이 금액에 오하이오 주의

표준공교육비 대비 바우처 지급비율(15.12%, 18.14%)을 적용해보면 초등학교
는 약 $709-$850, 중고등학교는 약 $1,004-$1,205 수준에서 시작하는 것
이 적절하다 하겠다. 다만, 학생 1인당 표준교육비가 2008년 수치라는 점
에서 좀 더 최신의 수치를 적용하여 출발선상을 정할 수 있을 것이다.

참고문헌

관계부처합동(2015). 학교 밖 청소년 지원대책(안).

김성기(2013). "대안교육의 의의, 실태 및 발전방안. 대안교육 현황 및 발전방안" 세미나자료집, 한국청소년정책연구원.

김홍원(2006). "방과후학교 바우처 제도 도입 방안 연구", 교육인적자원부.

유한욱(2006). "재정효율성 제고를 위한 시장원리 활용방안 – 바우처 제도를 중심으로", 한국개발연구원.

이선호(2003). 외국의 스쿨바우처(school voucher) 제도의 적용가능성 탐색, 『교육발전논총』, 24(1), 85-103, 충남대학.

이종철(2015). "미인가 대안학교에 대한 법제화 및 재정 지원 정당성 검토", 『기독학문학회』 통권 32호.

이혜영 외(2009). "대안학교 운영 실태 분석 연구", 한국교육개발원.

정광호(2007). "바우처 분석: 한국과 미국을 중심으로", 『행정논총』, 45(1). 61~109.

조혜정 외(2011). "대안교육 종합발전 방안에 관한 연구", 교육과학기술부.

최성은(2008). "사회복지서비스 분야의 바우처 제도 현황과 전망", 서울복지포럼자료집원고.

진동섭(2008). "국제지표로 본 한국교육", KEDI.

Center for Education Reform(2014). School Choice Today—Voucher Laws Across the States.

Center for Education Reform : http://educationopportunityindex.edreform.com/

National Center for Education Statistics : https://nces.ed.gov/

—
3장

네덜란드 교육의 재정 정책에 관한 고찰: 역사적 접근

최용준(한동대, 교육대학원)

I. 들어가는 말

네덜란드는 정부가 모든 공립 및 사립학교에 대해 동등하게 재정 지원을 하고 있으며 사립학교가 공립학교보다 두 배나 더 많고 전반적인 교육 수준이 매우 높은 선진국이다. 네덜란드의 교육 제도는 교육, 문화 및 과학부(OCW: Ministerie van Onderwijs, Cultuur en Wetenschap)에서 관장하는데 크게 연령별 교육(초등, 중등 및 고등교육) 및 수준별 교육(일반교육, 직업교육 및 학문적 교육)으로 나뉜다. 만 5세부터 16세까지는 의무교육이며 중등교육 및 직업교육은 비교적 학생들이 이수하기가 상대적으로 수월하도록 설계되어있다. 나아가 네덜란드의 학교들은 공립 및 세계관적, 종교적으로 세분되는 사립학교로 나눠지며 기타 장애, 만성 질환 또는 다른 어려움으로 특별한 도움이 필요한 학생들에게 제공하는 특수 교육이 있다(nl.wikipedia. org/wiki/ Onderwijs_in_Nederland). 나아가 2012년 국제 학생 평가 프로그램 (PISA: Programme for International Student Assessment)에서 실시한 조사에 의하면 네덜란드는 경제 협력 개발 기구(OECD: Organization for Economic Cooperation and Development) 국가들 중 10위를 차지하고 있다(www.oecd. org/pisa/ keyfindings/pisa-2012-results-overview.pdf). 그렇다면 네덜란드가 어떻게 이런 제도 및 재정 정책을 실시하게 되었으며 그 세부적인 내용은 어떤지 본 연구에서 역사적으로 고찰하고자 한다.

이를 위해 먼저 네덜란드 교육 제도의 근간을 이루는 헌법 23조에 대해 고찰하고 교육 제도의 기본적인 내용에 대해 설명하겠다. 그 후 이러한 제도가 정착된 역사적 배경을 네 단계로 나누어 그 흐름을 고찰하면서 특히 네덜란드의 그리스도인들이 시대정신의 흐름에 대해 어떻게 대응했는지 살펴보겠다. 네덜란드 교육을 역사적으로 볼 때 크게 네 단계로 나눌 수 있는데 첫 단계는 16-17세기에 네덜란드가 독립하면서 추구했던 교회가 중심이 되어 실시했던 칼빈주의적 교육이며 두 번째로는 18-19세기에 계몽주의 영향을 받았고 나중에 프랑스가 네덜란드를 지배하면서 정교분리가 이루어져 국가의 재정 지원 하에 이루어진 공립학교 중심적 교육이다. 세 번째 단계로는 이러한 계몽주의 사상에 대항하여 19세기부터 신칼빈주의자들이 일으킨 소위 '학교 투쟁(schoolstrijd)' 및 사립 교육 시대이며 마지막으로 20세기 후반 이후에 광범위하게 영향을 미치는 다원주의적 상황이다. 이런 배경에서 현재 네덜란드의 교육 재정 정책이 어떤 방식으로 집행되는지 설명하겠다. 마지막으로 이 모든 논의가 한국 교육의 재정 정책에 주는 함의를 제시함으로 결론을 맺고자 한다.

Ⅱ. 네덜란드 교육의 재정 정책

1. 네덜란드 교육의 기본 정신

네덜란드 교육의 기본 정신은 헌법 제 23조에 나타난다. 이 조항은 8개 항으로 나누어지는데 그 내용은 아래와 같다.

1) 교육은 정부의 지속적인 관심사이어야 한다.
2) 모든 국민들에게는 관할 관청의 감독권에 대한 편견 없이 교육을 제
   공할 자유가 주어져야 하며 법에 정한 교육의 형태들에 관하여는 교
   사들의 능력 및 도덕적 성실성을 국회법에 따라 검증할 권리가 있다.
3) 공립 교육은 국회법에 따라 규정되어야 하며 각자의 종교적 신념을
   존중해야 한다.
4) 관청은 기본 교육이 각 자치단체의 공립학교에서 충분히 이루어지도
   록 해야 한다. 이에 대한 예외도 교육의 형태가 주어질 수 있는 기회
   가 있다면 국회법에 따라 허용되어야 한다.
5) 학교에 요구되는 표준 규정은 공립학교가 국회법에 의해 재정 지원이
   이루어지는 것처럼 종교적 또는 다른 신념에 의해 이루어지는 교육의
   자유도 보장하기 위해 사립학교에도 동일하게 지원이 이루어져야 한다.

6) 초등교육의 필수조건도 사립 및 공립학교들이 동일하게 정부의 재정 지원을 받는 것과 동일하게 보장된다. 특별히 사립학교에서 교재를 선택하거나 교사를 임명할 자유를 존중해 주어야 한다.

7) 국회법의 조건들을 충족하는 사립초등학교들은 공립학교들과 동일한 기준으로 정부에서 재정 지원을 한다. 중등교육 및 대학 전 교육이 공적 재원으로부터 지원을 받는 조건들은 국회법에 의해 규정한다.

8) 정부는 교육에 관한 연래 보고서를 국회에 제출해야 한다.[1]

---

1   원문은 다음과 같다:
1. Het onderwijs is een voorwerp van de aanhoudende zorg der regering.
2. Het geven van onderwijs is vrij, behoudens het toezicht van de overheid en, voor wat bij de wet aangewezen vormen van onderwijs betreft, het onderzoek naar de bekwaamheid en de zedelijkheid van hen die onderwijs geven, een en ander bij de wet te regelen.
3. Het openbaar onderwijs wordt, met eerbiediging van ieders godsdienst of levensovertuiging, bij de wet geregeld.
4. In elke gemeente wordt van overheidswege voldoend openbaar algemeen vormend lager onderwijs gegeven in een genoegzaam aantal openbare scholen. Volgens bij de wet te stellen regels kan afwijking van deze bepaling worden toegelaten, mits tot het ontvangen van zodanig onderwijs gelegenheid wordt gegeven, al dan niet in een openbare school.
5. De eisen van deugdelijkheid, aan het geheel of ten dele uit de openbare kas te bekostigen onderwijs te stellen, worden bij de wet geregeld, met inachtneming, voor zover het bijzonder onderwijs betreft, van de vrijheid van richting.
6. Deze eisen worden voor het algemeen vormend lager onderwijs zodanig geregeld, dat de deugdelijkheid van het geheel uit de openbare kas bekostigd bijzonder onderwijs en van het openbaar onderwijs even afdoende wordt gewaarborgd. Bij die regeling wordt met name de vrijheid van het bijzonder onderwijs betreffende de keuze der leermiddelen en de aanstelling der onderwijzers ge erbiedigd.
7. Het bijzonder algemeen vormend lager onderwijs, dat aan de bij de wet te stellen voorwaarden voldoet, wordt naar dezelfde maatstaf als het openbaar onderwijs uit de openbare kas bekostigd. De wet stelt de voorwaarden vast, waarop voor het bijzonder algemeen vormend middelbaar en voorbereidend hoger onderwijs bijdragen uit de openbare kas worden verleend.
8. De regering doet jaarlijks van de staat van het onderwijs verslag aan de Staten-Generaal. (www.denederlandsegrondwet.nl/9353000/1/j9vvihlf299q0sr/vi5kn3s122s4)

여기서 핵심 단어는 바로 "교육의 자유"로서 학교를 설립하고 교육 내용
을 결정하며 그 내용의 원리들을 결정할 자유를 의미한다(www.owinsp.nl/
english/the-dutch-educational-system). 네덜란드 시민은 누구나 학교를 설
립하고 자신의 종교적, 이념적 또는 교육적 신념에 기초하여 교육할 수 있
는 권리가 있다. 헌법은 이러한 권리를 보장하는 동시에 사립 및 공립학교
들에 대해 평등한 재정 지원을 하고 있다.

공립학교들은 종교 또는 신념에 상관없이 모든 학생들에게 개방되어 있
으며 일반적으로 공적 법률에 따라 지방 정부 또는 이 지방 정부가 설립한
이사회 또는 재단과 같은 법인에 의해 운영된다. 이러한 학교들은 국가를
대신하여 교육을 제공하는 것이다. 반면에 사립학교들은 부모들이 그 학교
의 세계관을 존중하지 않을 경우 그 자녀들을 받아들이지 않을 수 있는 권
리를 가진다. 이 학교들은 개인에 의해 설립되었으나 국가의 재정 지원을
받는다. 사립학교들은 주로 이사회나 설립한 재단에 의해 운영된다. 이 이
사회나 재단은 교장 및 교사들을 임명하며 교과서의 선택 역시 헌법이 보
장한다. 사립학교 교육은 그 학교의 세계관에 기초하며 여기에는 천주교,
개신교, 유대교, 이슬람, 힌두교, 인지학(anthroposophism)적 신념 및 관점
들이 있다.

어떤 학교들은 몬테소리(Montessori), 달톤(Dalton), 프라이넷(Freinet) 또는
예나플랜(Jenaplan) 방법 등과 같은 특별한 교육 이념들을 가지고 있다. 이
들 학교들은 공립도 있고 사립도 있으며 개신교 예나플랜과 같은 혼합형도
있다. 공립 및 사립학교들은 법률이 정한 범위 내에서 교육의 내용 및 방법
을 정할 자유가 있다. 정부, 특히 교육, 문화 및 과학부는 공립 및 사립학교

에 적용되는 교육의 질에 관한 기준을 설정한다. 이러한 기준들은 교육의 주제들, 교재들 그리고 국가시험의 내용, 매년 교육 기간, 교사들의 자격요건들, 학부모 및 학생들이 학교에 대한 의견 표현, 의무조항 계획 및 보고 등을 포함한다. 물론 정치계 및 정부 부서와 관련 협의체들 간에 자유 및 책임의 균형에 관해 계속적인 논쟁과 토론이 있다(www.owinsp.nl/english/the-dutch-educational-system).

2. 네덜란드 교육 제도 개관

그렇다면 네덜란드 교육 제도의 기본 내용은 어떠한가? 그 체계를 표현하면 다음 쪽에 나타난 [그림 1]과 같이 구성되어 있다고 말할 수 있다.

제일 아래쪽에 있는 과정은 4세까지의 유아교육이며 그 다음이 초등학교(Basisvorming) 과정이다. 먼저 여기서 특이한 점은 유치원과 초등학교가 1985년부터 통합되어 이 과정이 8년이라는 점이다. 8학년이 되면 약 85%의 학생들은 Cito시험(중앙시험개발연구소, Centraal instituut voor toetsontwikkeling: www.cito.nl)을 치르게 되는데 이 결과에 따라 어떤 학교로 진학할지 결정된다. 중등교육(Voortgezet Onderwijs)은 세 가지로 나누어지는데 VMBO(voorbereidend middelbaar beroepsonderwijs, 중등 직업교육 준비과정), HAVO(hoger algemeen voortgezet onderwijs, 고등 일반 계속교육) 또는 VWO(voorbereidend wetenschappelijk onderwijs, 학문적 교육 준비과정)이다. VMBO는 직업학교로 나중에 HAVO로 진학할 수 있고 HAVO는 5년 기간으로 나중에 HBO(hoger beroepsonderwijs, 고등 직업대학)로 진학할 수 있다.

VWO는 6년 기간으로 대학(WO: wetenschappelijk onderwijs)에 들어가기 위한 준비과정이다. 여기에는 아테네움(athenaeum), 김나지움(gymnasium) 또는 리세움(lyceum)이 있다. 그 다음 단계로는 MBO(middelbaar beroepsonderwijs, 중등직업교육), HBO(고등직업교육) 그리고 WO(대학교육)이다. MBO는 중등직업교육이며 1년에서 4년까지 다양하다. HBO 및 WO에는 학사 및 석사과정이 개설되며 그 이후 박사과정 또는 취업시장으로 나아가게 된다. 마지막으로 언급할 점은 각 단계에서 다른 방향으로 옮길 수 있는 여지가 있다는 것이다. 즉 초등학교 이후에는 직업학교에서 공부하다가 다른 학교로 옮겨 대학 진학 쪽으로 변경할 수 있고 그 반대도 가능한, 융통성 있는 학제를 운영하고 있다. 기타 장애학생들을 위한 특수학교가 있으며 모든 국민들을 위한 평생교육제도 및 오픈 대학도 잘 갖추어져 있다.

네덜란드의 학교 시스템은 매우 독특한데 우선 학교를 선택하는 교육 기회에 관해서 가장 평등한 국가 중 하나이며 이에 대해 분명한 헌신을 하고 있다. 또한 어떤 종교적 또는 교육적 원리를 따르는 학교라 할지라도 1917년 이후부터는 모든 공립학교들과 동일하게 정부로부터 재정 지원을 받는다. 따라서 사립학교들의 숫자가 공립학교들보다 배 이상 많으며 초등학교의 경우 다섯 학교 중 한 학교는 학생들이 100명도 안 된다. 국제 학교들도 많이 있으며 20여 개 학교들은 두 언어로 교육하고 있다. 초등학교의 경우 2013년 현재 965개교가 영어를 가르치며 100개교가 독일어, 불어 및 스페인어를 가르친다(www.expatica.com/nl/education/Education-in-the-Netherlands_100816.html). 네덜란드에 거주하는 모든 아이들은 5세에서 18세까지 의무 교육을 받아야 하는데 그중에 5세부터 12세까지는 풀타임으

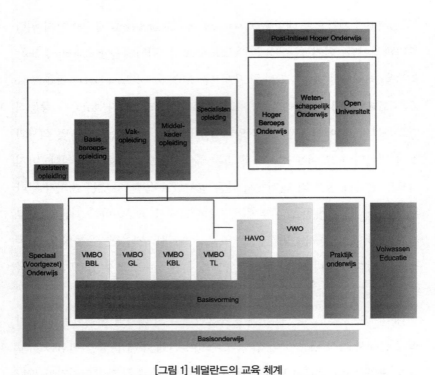

[그림 1] 네덜란드의 교육 체계
출처: upload.wikimedia.org/wikipedia/commons/thumb/4/45/Onderwijssysteem-in-
nederland-p.svg/900px-Onderwijssysteem-in-nederland-p.svg.png

로 공부해야 하며 나머지 기간은 일하면서 파트 타임으로 공부할 수 있다
(www.expatica.com/nl/education/Education-in-the-Netherlands_100816.html).

네덜란드에는 잠시 머무는 외국인 회사 자녀들을 위한 국제 학교도 잘
갖추어져 있다. 외국 기업의 직원들은 그들의 재정 상황, 지역, 국적, 자녀
들의 나이 그리고 체류 기간 등을 고려하여 자녀들의 학교를 결정한다. 많
은 경우 회사가 교육비를 지원해 주기도 하며 이 부분은 소득세에서 감면

되기도 한다. 사춘기에 있는 자녀들은 국제 학교가 적합할 수 있으나 더 어린 자녀들인 경우 체류 기간이 어느 정도 된다면 현지 학교에서도 잘 적응할 수 있다.

네덜란드는 부모가 자녀들을 위해 어떤 교육을 할지 선택하는 것을 매우 중요시한다. 따라서 네덜란드에는 매우 다양한 종류의 학교들이 있으며 부모들은 자신들의 세계관에 맞는 학교에 자녀들을 보낼 수 있다. 일단 부모들이 학교를 선택하면 가능한 속히 등록해야 한다. 공립학교의 경우 자리가 있다면 원칙적으로 입학을 거절할 수 없다. 그러나 유명한 학교들은 보통 대기 리스트가 있으며 이런 경우 지방 관청은 우편번호에 따라 선택 가능한 학교들을 알려 준다. 따라서 부모들은 가능한 일찍 등록하려고 한다. 또한 모든 학교들은 부모들을 위한 '오픈 데이(Open Day)'가 있으므로 학교 웹사이트나 안내 책자 등을 보고 그 날에 학교를 방문할 수 있다.

거의 90%의 아이들은 이미 세 살 때 조기 교육을 받으며 대부분 만 네 살 때 입학하는데 그 때 부모와 함께 오리엔테이션에 초대된다. 네덜란드어가 모국어가 아닌 아이들을 위해서 학교들은 네덜란드어를 배우기 위한 별도의 프로그램을 운영하기도 한다. 학교의 평가에 대해서는 www. owinsp.nl에 들어가 원하는 학교명을 입력하면 온라인으로 확인할 수 있다. 긍정적인 평가는 녹색이며 부정적 평가는 붉은 색으로 표시되어 있다. 하지만 이것은 공립학교 및 국제학교에만 적용된다. 또한 www. scholenlijst.nl에 들어가면 네덜란드 학교의 모든 리스트를 볼 수 있다. 또한 학생들의 능력에 따라 간혹 초등학교의 경우 1년을 다시 반복하는 유급(blijven zitten)도 있으며 반대로 한 학년을 뛰어넘는 월반(overspringen)의 경우도 있다.

공립학교는 정부가 운영하여 세속적인 교육을 제공하지만 몬테소리 (Montessori) 또는 슈타이너(Steiner) 학교 등은 특별한 철학적 또는 교육학 적 원리들도 가르친다. 이 학교들은 지방 관청 또는 이에 의해 설립된 법 인 또는 재단에 의해 운영된다. 반면에 사립학교들은 천주교, 개신교, 이 슬람, 힌두교 등에서 설립하여 특별한 세계관을 따른다. 이 학교들은 설립 한 이사회 또는 재단에 의해 운영되지만 재정적으로는 공립학교와 동일한 지위를 가진다. 즉 모든 교육은 무료이지만 수학여행 같은 특별 활동에 대 해서는 부모가 지불해야 한다. 기타 국제학교들도 있는데 네덜란드의 국제 초등학교(DIPS: Dutch International Primary Schools) 및 중등학교(DISS: Dutch International Secondary Schools)는 정부의 지원을 받기에 적절한 학비만 내 면 된다. 이 학교들은 네덜란드에 일정한 기간만 머무는 외국인 자녀들과 해외에서 돌아온 네덜란드 자녀들 또는 해외로 나갈 자녀들을 위한 학교이 다. 사립 국제학교들은 국제적으로 공인된 과정 또는 미국, 영국, 프랑스, 독일, 일본, 한국, 인도네시아, 폴란드 등 각국의 교과과정을 가르치며 필 요시 각국 언어로 가르치기도 한다. 수영장이나 축구장 같은 시설들은 일 반 네덜란드 학교들보다 우수하다. 나아가 특수학교들도 있다. 2014년부터 모든 학교들은 특별한 필요가 있는 아이들에게 도움이 되는 조치를 취해야 하는 법안을 통과시켰다. 나아가 특별한 도움이 필요한 국제 학생들을 위 한 학교도 영어로 운영된다.

특별히 지난 2014년부터는 네덜란드의 기업가인 드 혼드(Maurice de Hond)에 의해 약 22개의 '스티브 잡스 학교(Steve Jobs schools)가 개교하였다. 이 학교들도 정부의 재정 지원을 받는데 특히 아이패드 및 교육 어플들을 지원받아 모든 교과서들과 칠판을 제거했다. 교사들은 단지 학생들이 스스로 배울 수 있도록 코칭을 제공한다(www.stevejobsschool.nl). 초등 및 중등학교 비용은 무료이나 부모들이 '자발적으로' 기부할 수 있으며 이는 학교별로 다르다. 가령 수학여행, 점심시간 중 돌봐주는 것 그리고 방과 후 돌봄 등이다.

네덜란드 정부, 특히 교육, 문화 및 과학부의 교육 정책은 교육의 질에 대한 기준을 정하지만 각 학교들은 자율적으로 교과과정 및 예산 배분을 시행할 수 있다. 교육 정책은 이중 언어 구사를 장려하며 교육과 직업을 연결시키며 학교의 질을 높여 교육부의 검열 기준에 부합하도록 해야 한다. 2015년 8월 1일부터 정부는 초등학교에도 과정의 15%는 영어, 독일어 또는 불어로 가르칠 수 있도록 허용했다. 학생들은 영어를 제 2 언어로 배울 뿐만 아니라 생물, 역사 등의 과목을 외국어로 배운다.

3. 네덜란드 교육 제도의 역사

네덜란드가 이러한 교육 제도를 갖추게 된 것을 이해하려면 그 역사적 배경에 대해 언급할 필요가 있다. 따라서 이 부분에 대해 네 단계로 나누어 간략히 고찰해 보겠다.[2]

---

2   이 부분은 필자의 글, 『신앙과 학문』 2016년 21(2)에 게재한 논문 "Research on the Christian Philosophy of Education in the Netherlands: a historical approach", 231-257.를 주로 참고한 것임.

가. 16–17세기: 칼빈주의 시대

네덜란드의 교육은 16세기에 스페인으로부터 독립을 추구한 시기부터 살펴볼 수 있다. 네덜란드는 1568년부터 스페인에 대항하여 80년간 끈질긴 독립 전쟁을 벌여 마침내 승리하면서 7개주 연합 네덜란드 공화국(Republiek der Zeven Verenigde Nederlanden: 1588–1795)을 수립하였다. 당시 가톨릭의 대표 세력이었던 필립 2세의 학정에 저항한 네덜란드인들은 종교개혁자 칼빈의 사상을 따르는 개신교세력이 주도하였는데 이들은 교육에도 깊은 관심을 보여 독립 전쟁을 지휘했던 빌름 판 오란여(Willem van Oranje)공에 의해 1575년에 네덜란드 최초의 고등교육기관인 레이든 대학교(Universiteit Leiden)가 설립되었다. 이는 레이든이 스페인 군대의 포위로부터 승리한 것을 기념하면서 장차 네덜란드를 이끌고 나갈 영적, 정치적 지도자들을 양성하기 위한 백년대계였다.

당시 칼빈주의는 네덜란드의 교육제도 전반에 반영되어 학교에 대한 감독이나 가르치는 활동 그리고 교육에 대한 논의가 주로 개신교회와 목사들에 의해 이루어졌다(R ling, 1994: 67). 학교 교육은 교회의 감독 하에 지방 단위로 실시되었고 교육의 기초는 도르트레흐트(Dordtrecht) 총회[3]에서 교육 부분에 대하여 언급한 요점들로 향후 거의 2세기 동안 네덜란드 교육의 기초법 역할을 했다(Coetzee, 1958: 298). 도르트레흐트 총회는 "학생들이 어릴

---

3 도르트레흐트 총회는 알미니우스(Arminius)가 제기한 신학적 논쟁에 대해 고마루스(Gomarus)를 중심으로 한 신학자들이 칼빈주의 교리를 확립하기 위해 도르트레흐트에서 1618–1619년에 개최된 회의이다. nl.wikipedia.org/wiki/Synode_van_Dordrecht 참조.

때부터 참 종교의 기초를 배워 참된 경건으로 가득 채워져야 한다"고 강조
하였고(Kruithof, 1990: 34) 학교에서는 읽기 학습을 위해 주기도문과 성경구
절들로 만들어진 학습서가 사용되었으며 교리문답교육도 실행되었다(조성
국, 2009a: 26-27).

여기서 주목해야 할 점은 당시 네덜란드의 칼빈주의적 교육은 학교교육
보다 가정교육을 더 강조했다는 사실이다(Kruithof, 1990: 19-51). 칼빈주의
의 언약 개념은 가정의 중요성을 강조하여 가정은 하나님과 교제하고 예배
하며 기도하는 첫 번째 기관으로 하나님과 신자의 관계는 부모 자녀와의
관계에 비유되어 부모는 하나님으로부터 직접 교육 명령을 받은 책임 있
는 존재라는 점을 분명히 했다.[4] 경건한 칼빈주의자들은 나중에 후기 종교
개혁(Nadere reformatie) 운동[5]을 주도하면서 내면적 경건과 일상생활에서의
성결 그리고 그것을 위한 교육은 작은 규모의 교회인 가정에서 이루어져야
한다고 보았다(조성국, 2009a: 27). 가령 끄라우트호프(Bernard Kruithof)는 당
시 드 스바프(Joannes de Swaef)가 경건을 하나님의 계명에 맞추는 것이라고
보면서 자녀들이 경건하게 성장하도록 부모들은 가능하면 일찍부터 자녀
들을 가르쳐 죄악을 피하게 하고 그들의 내면에 선을 심어야 하며 자녀가
성장하는 동안 훈계, 책망, 때로는 징계해야 한다고 주장하였음을 지적하
였다(Kruithof, 1990: 42). 그러나 이 시대에는 아직 정부 차원의 재정 지원이

---

4 가령 신명기 6장 4-9절, 에베소서 6장 4절 등의 성경 구절이 이에 해당한다.
5 17-18세기에 네덜란드에서 일어난 운동으로 종교개혁의 정신을 삶의 모든 영역에 구현해야
   함을 강조했다. 이 운동은 영국의 청교도주의 및 독일의 경건주의와도 맥을 같이 하며 네덜
   란드에서 이를 주도한 대표적인 인물은 히스베르투스 포에티우스(Gisbertus Voetius, 1589-
   1676) 등이 있다.

이루어지지 않았으며 부모나 교회에서 재정을 감당했다고 볼 수 있다.

나. 18-19세기: 계몽주의 시대

네덜란드 교육에서 정부 재정 지원이 본격적으로 이루어지기 시작한 것은 1800년대에 들어서면서 부터이다. 그 이전인 16세기 당시 엄격한 칼빈주의에 반대하는 진보적 성향의 기독교인들도 있었는데 끄라우트호프는 가령 당시 네덜란드 르네상스 학문의 아버지로 불리는 꼬른헤르트(D. V. Coornhert)가 에라스무스(D. Erasmus)처럼 인간의 완전한 성숙에 대한 낙관적이고 인문주의적 입장을 취했으며 17세기에 시인이고 법률가인 동시에 정치가였던 카츠(J. Cats)도 르네상스와 인문주의적 이상을 지지하여 아동이 가진 본성적인 호기심 등을 옹호하면서 온화함, 사랑, 질서를 기초 원칙으로 삼았다고 지적한다(Kruithof, 1990: 38).

이러한 사상은 18세기에 더욱 강해졌는데 이는 당시 네덜란드가 영국에게 해양 무역권을 빼앗기면서 경제적으로 점차 쇠퇴하였으며 프랑스와의 수차례 전쟁으로 큰 타격을 입었고 홍수로 인한 제방의 붕괴로 어려움을 겪으면서 인구도 감소하였고 나아가 왕가와 민주화를 요구한 세력 간의 내전으로 사회도 불안하여 교회의 영향력이 약화되면서 신앙과 경건의 삶이 사적 영역으로 축소되자 계몽주의[6]의 영향을 받았던 지식인들이 교육에 대

---

6 계몽주의(enlightenment)는 독일의 철학자 임마누엘 칸트(I. Kant)가 인간의 이성을 절대적인 기준으로 삼으려는 사상을 의미한다. 이는 프랑스 혁명의 도화선이 되었고 결국 19세기 근대주의(modernism)를 낳게 되었는데 이 근대주의는 과학주의(scientism), 경제주의(economism) 및 기술주의(technicism)를 포함하는 세계관으로 인류의 무한한 발전과 진보를

한 관심을 새롭게 환기시켰기 때문이다. 끄라우트호프는 가령 당시 자연과 학자요 역사가이며 교육가인 동시에 신학자였던 마르티네트(J. F. Martinet) 가 그의 저서 「자연의 교리문답 (Katechismus der Natuur, 1777–1779)」에서 전통적인 하이델베르크 교리문답에 빗대어 자연의 교리문답이라는 표현으로 그의 자연주의적, 목적론적 그리고 인본주의적인 사상을 설명했는데 그는 자연에 대한 교육이 종교 교육만큼이나 중요하다고 주장하면서 학생의 본성은 사랑스러운 천사에 가깝기에 참된 교육의 방법은 자연스럽고 합리적으로 이루어져야 하며 도덕적 행동을 강조하였다고 지적한다(Kruithof, 1990: 49–50). 또한 작가였던 볼프(B. Wolff)와 시인 데컨(A. Deken)도 아이들의 버릇없는 행동을 무조건 나쁘거나 악한 것으로 볼 것이 아니라 자유를 향한 생래적 충동의 결과로 보아야 한다고 하면서 하나님과 더불어 자연이라는 원리를 함께 고려할 필요가 있다고 주장하였다(Kruithof, 1990: 52–55).

이처럼 계몽주의적 근대주의의 영향을 받은 기독교 교육가들은 교육이 쇠퇴하는 네덜란드 사회 및 국민의 회복과 구원을 위한 열쇠라고 확신했기에 도덕성 교육을 강조하면서 이는 목사, 교사, 지식인 및 작가들의 사명이라고 주장했다. 이들은 특히 국민의 도덕성 회복이 종교의 존재 이유라고 주장하면서 인간의 행복은 인간의 영적이고 합리적인 능력을 완성하는 것이며 지식과 문화는 그것을 위한 가장 중요한 도구라고 생각했다(조성국, 2009a: 29). 그래서 가령 1784년에 재세례파의 목사였던 뉴븐하우젠(J. Nieuwenhuyzen)은 교육을 통해 개인과 사회를 발전시키기 위해 "공

신뢰하는 낙관주의이다.

공선을 위한 협회(Maatschappij tot Nut van 't Algemeen)"라는 비영리 사회교육 단체를 결성하여 19세기 중반까지 더 나은 교재, 모델 학교 및 교사 교육을 통해 공적 교육을 향상시키는데 큰 공헌을 하였으며 19세기 후반부터 이 단체가 세운 대부분의 학교들은 공립학교로 전환되었다. 이 단체는 교회에 대해 반대하지 않았으며 교리적으로 독단적이지 않으면서 일반적인 기독교 윤리에 충실한 교육을 제공하는 것을 목표로 했으며(Wolthuis 1999: 52) '지식은 개인적 그리고 사회적으로 발전하는 길(Kennis is de weg naar persoonlijke en maatschappelijke ontwickling)'이라는 슬로건을 가지고 현재도 활동하고 있다(www.nutalgemeen.nl).

1795년 네덜란드는 나폴레옹에 의해 점령되어 1813년까지 프랑스의 지배를 받으면서 계몽주의 사상이 더욱 확산되었고 정교 분리가 법제화되어 그동안 교회가 관장하던 교육을 국가가 관장하게 되었다. 1806년에 제정된 학교법은 공립학교가 모든 기독교적, 시민적 덕성을 가르쳐야 하고, 따라서 새로운 사립학교 설립은 허용되지 않았으며 의무 교육제도도 시행되지 않았다(nl.wikipedia.org/wiki/Schoolstrijd_(Nederland)). 교과 과정은 확립되어 네덜란드어, 읽기, 쓰기 및 수학은 필수 과목이었고 역사, 지리 및 불어, 독일어, 영어 같은 언어는 선택 과목이었다(en.wikipedia.org/wiki/Education_in_the_Netherlands). 이 법제화작업을 주도했던 사람들은 주로 "공적 복지를 위한 협회"에서 활동하면서 계몽주의를 따르던 진보적 성향의 기독교 지도자들이었다. 이 법은 초등학교를 공립학교(openbaar school)와 사립학교(bijzonder school)로 구분하여 국가가 관장하는 공립학교는 인정된 교육기관으로 국가로부터 재정을 지원받았지만 기존의 사립학교들은 특정단체가 지원하는 사립학교와 부모들이 지원하는 사립학교로 구분되어 정부의 재정 지원을 받지 못했다. 공립학교 재정 운영의 책임은 지방정부에게 있었으나 이후 중앙 정부에서 교사의 자격과 학교 운영에 관한 기준을 세우고 적용해 나가면서 학교를 설립하여 운영해 나가는 주체는 중앙정부가 되었다. 나아가 이 학교법은 교육의 정책, 내용 및 감독 기능을 모두 국가에 귀속시켜 그 결과 공립학교의 수는 지속적으로 증가하였으나 목사가 교육에 참여할 수 있는 여지는 축소되었으며 교회의 감독기능도 상실되었다. 그 대신 교사는 법적으로 독립하여 자유롭게 되어 1842년에는 교사들의 연합체가 결성되었고 교사들의 수도 급증했다(Knippenberg, 1986: 57, 68, 245-248). 당시 국가 교육은 통일된 국가주의형성 및 행정 관리 배출을 위한 도구였으며 교리논쟁으로 분파적 갈등을 유발할 수 있다고 본 종교 교육은 학교 교육에서 배제되었고 그 자리에 애국심과 관용 정신이 대체됨으로써 결국 학교 교육은 세속화되었다(조성국, 2009a: 32).

다. 19-20세기: 신칼빈주의 시대

이러한 상황에 대해 당시 정통적인 칼빈주의 기독교인들은 상당한 위기감을 느끼면서 기독 사립 교육을 회복하기 위한 노력인 '학교 투쟁'을 시작했다. 우선 암스테르담의 시인이자 역사가였던 다 코스타(I. da Costa)는 1823년에 출판한 "시대정신 비판(Bezwaren tegen den Geest der eeuw)"이라는 소책자를 통해 당시의 학교법을 종교적 관점에서 비판하였다. 나아가 1834년에는 네덜란드의 국가교회(Nederlandse Hervormde Kerk)가 정통적 칼빈주의를 상실한 것을 비판하면서 칼빈주의적 경건을 회복하고자하는 분리운동(De Afscheiding)이 일어났다. 이 운동을 주도한 드 콕(H. de Cock)과 스콜터(H. P. Scholte) 목사는 기독개혁교회(Christelijke Gereformeerde Kerk)를 만들었는데 이 교단은 계몽주의적 근대주의에 반대하면서 칼빈과 도르트레흐트 총회 결정의 신학으로 복귀한 점에서 보수적이었으나 다른 한편 현실 도피적이고 체험적인 경건주의의 특성도 가졌다. 이들은 비록 숫자가 많지는 않았지만 가정에서의 엄격한 신앙교육을 다시 강조하였고 초등교육 영역에서 기독 학교를 운영하기 위한 노력을 시작했는데 가령 교단의 회원들에게 공립학교의 가르침이 하나님의 말씀과 대치된다고 보면서 공립학교에 자녀들을 보내지 말 것을 권했다(조성국, 2009a: 33).

이러한 학교 투쟁이 어느 정도 영향을 주어 1848년에 자유주의적인 정치가 토르베케(Johan R. Thorbecke)의 주도로 새로운 헌법이 제정되었고 이 헌법은 조건만 갖추면 사립학교도 설립할 수 있는 교육의 자유를 인정했다(nl.wikipedia.org/wiki/Schoolstrijd_(Nederland)). 그리하여 실제로 기독 사립학교들이 설립되었지만 재정은 여전히 정부가 지원하지 않았다.

그러자 19세기 후반부터 학교 투쟁의 제 2단계가 시작되었다. 1857년 새로 제정된 교육법은 반 라파드(A. G. A. Van Rappard)에 의해 제안된 것으로 공립학교만 정부의 재정 지원을 받으며 교육은 종교적 중립을 지킨다는 내용이었다. 또한 기하학, 지리, 역사, 자연과학 및 음악은 필수 과목이 되었으나 현대 언어들과 수학은 여전히 선택 과목이었으며 나중에는 미술과 체육도 교과과정에 추가적으로 포함되었다(nl.wikipedia.org/wiki/Onderwijswet_van_1857).

1874년에는 사무엘 판 하우튼(Samuel van Houten)의 제안으로 소위 "아동법(Kinderwetje)"이 제정되어 12세 이하의 아동 노동을 금지하였고 1878년에 반 드 꼬뻴로(K. van de Coppello)는 사립학교들이 경비를 스스로 조달해야만 하는 새 법안을 제안하였다. 이러자 개신교 및 천주교 신자들은 자녀들을 원하는 학교에 보낼 수 없게 되어 당시 국왕이었던 빌름(Willem) 3세에게 300,000명의 개신교도들과 100,000명의 가톨릭교도들이 서명한 탄원서를 제출하였으나 결국 왕은 이 법안에 서명하여 이 법이 통과되었다(en. wikipedia.org/wiki/School_struggle_(Netherlands)). 그 후 1901년에는 612세 어린이들에 대한 의무교육법이 시행되었다.

이 와중에 전술한 분리운동과 더불어 1826-1854년에 네덜란드에는 부흥운동(revivals of religion)이 일어나 큰 영향력을 행사하였다. 이 운동은 계몽주의적 모더니즘 및 이에 기반을 둔 진보신학적 입장을 거부하고 전통적 칼빈주의 교리와 경건 즉, 인간의 죄와 하나님의 은혜를 강조했던 운동으로 네덜란드뿐만 아니라 유럽 전체적으로 나타났다. 그래서 부흥운동 지도자들은 예배생활 및 마음의 회복, 가정의 개혁, 조용하고 경건한 생활 및 자녀에 대한 신앙 교육을 강조하면서 계몽주의자들의 주장처럼 도덕적 개선과 삶의 회복이 아니라 회개로 이어져야 한다고 주장하였다(조성국, 2009a: 33).

가령 이 부흥운동의 지도자들 중 헬드링(O. G. Heldring)은 "기독 신우회(Christelijke Vrienden)"라는 단체를 결성하여 노예해방, 가난한 자를 위한 돌봄, 교육의 중요성을 설교하였다. 끄라우트호프는 그가 정통적인 칼빈주의에 근거한 학교를 세우기 위해 시골지역에서 어린이들과 여성을 위한 교육기관들을 설립하여 가르치면서 인간의 타락성과 죄를 강조하였고 회개와 중생을 통해 새로운 삶이 가능하다고 역설하면서 국내 복음화 운동을 통해 네덜란드 사회의 부흥을 시도했음을 밝히고 있다(Kruithof, 1990: 143-146). 나아가 재세례파 목사였던 리프더(J. de Liefde)도 기독 학교의 주창자로서 학교교육의 종교적 중립성은 바람직하지 못할뿐더러 어린이들의 정신에도 유해하다고 보면서 아이들은 어릴 때부터 종교를 수용하고 그 가운데 성장해야 한다고 주장하였고 "디모데(Timotheus)"라고 하는 아동교육 잡지를 발간하면서 부모는 교육을 가장 중요한 과제로 인식해야 한다고 강조하였고 특히 아버지의 권위와 역할을 강조하였다(Kruithof, 1990: 153). 그는 계몽주의자들이 설립한 "공동체의 유익을 위한 협회"에 대항하여 1855년에 "국민구원을 위한 연합(De Vereeniging Tot Heil des Volks)"을 결성하였는데 이 단체는 전도, 봉사 및 예언적인 선포 등의 사역을 중심으로 현재까지도 활동하고 있다(www.totheildesvolks.nl).

그러나 정통 칼빈주의에 근거한 사회개혁가였던 흐룬 판 프린스터러(G. Groen van Prinsterer)야말로 이 시기에 가장 중요한 역할을 했던 인물이었다. 그는 네덜란드 부흥운동의 창시자였던 빌더데이크(W. Bilderdijk)의 영향을 받았으며 국회의원으로서 의정활동을 통해 사립학교로서의 기독학교의 설립 권리와 교육의 자유 개념을 확립하기 위해 노력하였다. 1857년 의회가 교육법을 제정하여 초등학교에서의 종교적 중립성을 법제화했을 때 그는 그 결정에 반대하는 학교 투쟁을 시작하였다. 그는 다 코스타 등 부흥운동 지도자들과 함께 계몽주의적 모더니즘 형성에 기여하는 국가공립교육에 대항하여 기독 사립학교의 설립과 공립학교와의 법적 동등성 그리고 기독학

교에 대한 국가의 재정 지원을 확보하기 위해 하원의원으로서 법적, 정치적
그리고 사회적 투쟁에 앞장섰다.[7] 그 영향으로 네덜란드 전국에서 많은 정
통 칼빈주의 지도자들과 분리운동지도자들이 이 학교 투쟁 운동에 참여하
여 성경과 교리를 가르치는 기독 초등학교들이 생겨났고 또 그런 학교들을
지원하는 단체들도 등장하게 되었다. 그 결과 1860년 흐룬 판 프린스터러
는 "전국 기독학교 교육협회(CNS: De Vereeniging voor Christelijke–Nationaal
Schoolonderwijs)"을 결성하였다(www.onderwijsgeschiedenis.nl/ Tijdvakken/De-
Schoolstrijd).[8] 이 연합체의 이름에 나타나는 "기독 전국"이라는 표현이 의미
하는 바는 16–17세기 네덜란드연합공화국의 종교 개혁적 성격을 명시하는
표현이었고, 기독학교를 전국적으로 하나의 연합체로 만들려는 의도를 드
러내는 표현이었다(Rosendaal, 2006: 30). 이 단체는 교육을 통한 네덜란드의
재복음화, 기독학교의 재정 지원과 유대관계 강화 및 교육문제에 대한 관심
증진과 주도권 발휘에 그 목표가 있었다(Rosendaal, 2006: 32). 그의 적극적
인 지도력과 노력으로 기독 사립학교의 설립에 대한 법적 기초가 확립되었
으며 나중에는 자신보다 더 탁월한 능력을 가졌던 후계자 카이퍼(Abraham
Kuyper)를 만나 그에게 리더십을 넘겼다. 이러한 이유로 흐룬 판 프린스터

---

7 이에 관한 그의 대표적인 저서는 『불신앙과 혁명(Ongeloof en Revolutie)』이다. 흐룬 판 프
린스터러에 관한 보다 자세한 연구는 Roel Kuiper, *Tot een voorbeeld zult gij blijven. Mr. G. Groen van
Prinsterer (1801-1876)*, Amsterdam 2001를 참고할 것.
8 이 단체는 이후 1890년에 그 이름을 기독 국민 교육 협회(De Vereniging voor Christelijk
Volksonderwijs)로 수정하였고 1968년에는 8개의 다른 관련 단체들과 연합체를 구성한 후
2014년에는 이름을 Verus(vereniging voor christelijk onderwijs)로 변경하였고 지난 2015
년 5월에는 천주교 교육 센터(VKO, centrum voor katholiek onderwijs)와도 통합하여 지금
은 천주교 및 기독 교육 협회(vereniging voor katholiek en christelijk onderwijs)가 되었다.
(http://www.verus.nl/ historie/oorsprong-van-verus-protestants-christelijk)

러는 네덜란드 기독 사립학교 운동의 대부로 불린다(조성국, 2009b: 14).

조성국은 흐룬 판 프린스터러의 교육철학을 한마디로 "교육의 자유"라고 요약하면서 이 자유는 소극적으로는 절대국가의 중앙집권적인 획일적 교육 강요로부터의 자유를 의미하고 적극적으로는 기독 교육을 위한 자유를 의미한다고 설명하면서 이를 보다 자세히 다음 여덟 가지로 잘 정리하고 있다(2009b: 24-26). 첫째로 그는 교육이란 세계관을 형성하는 작업으로 프랑스 혁명 이후 세속화된 국가가 독점 실행하려는 교육도 사실은 근대적 국가주의 세계관을 주입하려는 시도이며 이 세계관은 종교적으로 중립적이 아니라 불신앙적이고 반기독교적인 것이어서 기독교인들은 받아들일 수 없고 따라서 기독교국가의 역사를 가진 네덜란드는 기독교 세계관을 형성하는 학교교육을 유지, 발전시켜 나가야 함을 강조했다. 둘째로 그는 국가의 세계관 교육은 중립적이지 않고 또 그것으로 국가를 통합할 수도 없으며 그러한 시도는 오히려 유해하다고 주장하면서 그 증거로 교육법의 강제 집행과정에서 가톨릭이 강한 벨기에가 1830년에 네덜란드에서 분리 독립했고(Van Dyke, 1989: 62) 네덜란드 내에서도 복음주의적 칼빈주의자들의 거센 저항에 직면하고 있음을 지적하였다. 셋째로 그는 교육의 자유는 종교의 자유와 같은 맥락에 있으며 따라서 종교에 따라 국민을 압제할 수 없는 것처럼 교육도 압제할 수 없다고 주장했다. 그는 양심의 자유를 논하면서 그 안에 출판, 예배, 교회조직 및 교육의 자유를 열거하였고 특히 교육의 자유를 "자녀들의 관점에서 종교의 자유"라고 정의하면서 (Van Dyke, 1989: 59) 국가는 종교의 자유처럼 교육의 자유도 보장해 주어야할 의무가 있다고 강조했다. 넷째로 그는 어린이들은 국가의 소유가 아니라 일차적으로 부모에게 속함을 강조하면서 부모의 교육권은 "하나님에 의해 부과된 의무"이므로 인정되어야 한다고 보았다(Van Dyke, 1989: 28, 60, 63). 다섯째로 그는 부모들이 하나님으로부터 부여받은 이 교육적 의무를 책임감 있게 감당해야 하며 이를 위한 교재로 잔(F. L. Zahn)이 저술한『교회력에 맞춘 성경 역사』(*Biblische Historien nach dem Kirchenjahre geordnet, mit Lehren und Liederversen versehen*)를 네덜란드어로 번역, 출판하여 부모들이 적극적으로 성경과 교리 교육을 실행하도록 권고하였다(Van Dyke, 1989: 68). 여섯째로 그는 국가교육은 독점이 아니라 종교적 다양성을 존중하는 복수체계에 따라 이루어질 수 있어야 하고 각 종파는 자신들의 신앙고백에 맞게 가르칠 수 있는 학교를 세울 자유를 부여받아야 하며 이 학교들도 공립학교들과 동등한 지위를 누려야 한다고 주장하였다. 일곱째로 그는 모든 학교는 국가의 재정 지원을 받아야 하는데 만일 이런 지원이 없다면 교육의 자유는 오직 여유 있는 가정만 누릴 수 있는 특권이 되고 가난한 가정의 자유가 될 수 없으므로 진정한 의미의 교육의 자유가 아니라고 보았다(Van Dyke, 1989: 81). 마지막으로 그는 교육을 정치사회적 활동으로 간주하면서 교육의 발전과 개혁도 이런 운동을 통해 이루어진다고 믿었기에 교육 개혁은 참여적 행동이었다. 따라서 그는 법제정에 참여하여 개혁을 시도하면서 기독교 학교 설립의 정당성을 주장하다 여러 가지 현실적 한계에 직면하기도 하였지만 포기하지 않고 학교 투쟁 운동을 지속적으로 주도하였다.

카이퍼는 흐룬 판 프린스터러의 이러한 교육철학 및 학교 투쟁을 이어받아 학교법 반대 연맹 (Anti-Schoolwet Verbond)을 결성하였는데 1879년에 이 단체는 계몽주의의 영향을 반영한 프랑스 혁명 정치사상과 근대주의적 세계관에 반대하는 네덜란드 최초의 기독교 정당인 반혁명당(ARP, Antirevolutionaire Partij)으로 발전하였다. 나아가 그는 1880년, 사회 변혁에 적극적인 태도를 가진 "신칼빈주의(Neo-Calvinism)"[9] 정신의 교육, 학문, 사회, 문화운동을 주도할 인재를 배출하기 위해 암스테르담에 자유대학교(Vrije Universiteit)를 설립하였다. 여기서 특히 이름을 '자유'라고 한 것은 국가나 교회의 간섭으로부터 자유로워야 한다는 '영역 주권(souvereiniteit in eigen kring)' 사상에서 나온 것이다.[10] 영역 주권이란 절대 주권자이신 하나님께서 이 세상을 창조하신 원리로 국가, 교회, 가정, 학교, 기업 등은 각기 독립된 주권을 가지므로 한 기관이 다른 기관들 위에서 군림해서는 안 된다는 사상이다. 또한 그는 기독교적 삶이란 종교성, 애국심, 가정의 기능, 영역 주권, 양심의 자유 존중 이 다섯 가지를 포함하며 따라서 획일적인 국가주의 교육은 원리적으로 잘못이므로 수정되거나 없어져야 한다고 주장하였다(Coetzee, 1958; 302).

카이퍼 또한 가정은 사회의 모든 관계가 반영되는 기초인 동시에 사회생활이 형성되는 뿌리이며 특히 부모의 자녀 교육에 대한 권리와 권위는 하나님께로부터 부여받았기에 국가가 간섭하지 말아야 한다고 강조했다. 물

---

9 신칼빈주의는 흐룬 판 프린스터러, 카이퍼, 바빙크(H. Bavinck), 도여베르트(H. Dooyeweerd) 등에 의해 발전된 사상으로 19-20세기 서구사회의 주도적인 세계관이었던 계몽주의적 근대주의에 대항하여 칼빈주의적 관점에서 삶의 모든 분야에 기독교 세계관을 적용하려고 했던 세계관이다. 이는 카이퍼의 저서 『칼빈주의 강연』에서 볼 수 있으며 주된 내용은 예수 그리스도의 주되심, 삶의 모든 영역의 구속, 문화 명령, 창조-타락-구속, 영역주권, 이원론 배척, 구조와 방향의 구분, 보편 은총, 영적 대립, 세계관 등이 있다(en.wikipedia.org/wiki/Neo-Calvinism). 대표적인 포털 사이트는 allofliferedeemed.co.uk이다.
10 카이퍼의 자유대학교 개교 기념 연설 제목도 "영역 주권"이다. Kuyper, A.(1880). *Souvereiniteit in eigen kring: rede ter inwijding van de vrije Universiteit*. Amsterdam: J.H. Kruyt.

론 부모의 부도덕한 권위 행사에 의한 유기와 학대로부터 아동을 보호하는 일에 있어서는 국가의 개입을 동의하였으나 의무교육 제도를 통한 국가의 과도한 개입이 부모의 교육적 기능과 책임성을 약화시킬 것을 우려하면서 부모의 교육 선택 권리를 확보하는 방향으로 영향력을 적극 행사함으로써 사립 교육의 입지를 강화시켰다(조성국, 2009a: 38).

이렇게 카이퍼가 주도한 반혁명당의 기독학교 투쟁은 마침내 1917년에 헌법 23조를 제정하여 공립학교와 동등한 법적 지위 및 재정 지원을 얻어내는 열매를 맺었다(nl.wikipedia.org/wiki /Schoolstrijd_(Nederland)). 그 후 1920년에 보다 구체적인 초등교육법이 제정되면서 균등한 재정 지원이 집행되기 시작했다. 이처럼 카이퍼를 중심으로 한 신칼빈주의자들은 당시 인구의 불과 10-15%에 불과했지만 (네덜란드어로 "kleine luyden (작은 사람들)"이라고 불린다), 사회개혁운동에서 네덜란드의 주도적인 세력 중 하나가 되었고(Sturm, 1988: 9) 이러한 흐름에서 1900-1930년 사이에는 공립초등학교가 전체의 31%였음에 비해 사립초등학교는 62%로 증가했다고 끄라우트호프는 지적한다(Kruithof, 1990: 224). 이러한 점에서 네덜란드는 전 세계에서 매우 독특한 교육 재정 체계를 갖추게 되었고 현재 전체 학교의 70%가 사립학교였으며 그중 천주교와 개신교 학교가 각각 30-35%를 차지하고 있으며 기타 몬테소리 학교 등이 있다(Ritzen, Dommelen & Vijlder, 1999: 329).

라. 20세기 후반: 다원주의 시대

네덜란드는 20세기 중반까지 2차 세계대전의 충격과 파괴 및 대홍수사

건 등으로 심각한 국가적 위기를 경험했으나 1950년대 이후부터는 비교적 빠른 속도로 경제 부흥을 이루어 내었다. 그러나 1960년대 유럽 사회를 휩쓸었던 사상적 격변 및 사회적 변화는 네덜란드에도 영향을 미쳐 다원적 자유주의를 확대시켰다. 가령 무신론적 자연주의 및 실존주의의 영향으로 학생, 노동자, 히피 등이 참여한 광범위한 사회 저항 운동은 마약과 성, 동성애와 같은 이슈를 포함한 모든 가치를 관용(verdraagzaamheid)하는 방향으로 나아가게 했다. 이러한 사회 분위기 속에서 기독교인들의 숫자도 점점 줄어들어 가령 17-30세 연령층의 경우 1958년에는 80%가 교회에 소속되어 있었으나 1991년에는 28%로 감소한 (Golverdingen, 1995: 16) 반면 무슬림의 증가에 따라 1990년대 이후에는 종교 다원주의가 지배하고 있다.

따라서 20세기 후반부터 신칼빈주의 및 기독 사립학교도 점점 퇴보하기 시작했다(Golverdingen, 1995: 38). 가령 자유대학교의 정체성 변화가 이를 단적으로 보여 주는데 1868년 기독교학교를 설립하고 공동으로 지원하기 위해 만들어졌던 "개혁교회 학교연맹 (GSV: Gereformeerde Schoolverband)"과 자유대학교는 서로 일치된 이념으로 교사 및 개혁교회 공동체를 대표하는 엘리트 교육에 헌신해 왔으나 1960년대 이후 두 기관 모두 다원화된 네덜란드 사회에 깊이 동화되어 (Rosendaal, 2006: 280) 자유대학교는 1971년부터 정체성의 범위를 신칼빈주의에서 에큐메니칼로 확대하였고 2005년부터는 이슬람에도 문호를 개방하여 "상호인생관적 소통(interlevensbeschowelijke communicatie)"으로 삼았다(Miedema, 2006: 20).

그러면서 기독교학교 교육의 관심은 신칼빈주의에서 점차 다시 도덕성의 형성에 대한 관심으로 나아가 자유대학교 내에서도 1960년대에는 정신

과학적 접근의 현상학적 방법, 1970-1980년대에는 실험적-분석적 방법,
사회비판적 방법 그리고 1980년대 이후에는 인생관적 교육에 대한 관심
에서 역사적 연구 및 도덕교육에 대한 연구가 시도되어왔다(조성국, 2009a:
42). 이와 함께 20세기 초반부터 교육학이론의 구성에 더 관심을 기울이면
서 도덕성과 인성 형성을 강조하고 아동을 동료 인간으로 보도록 촉구했던
암스테르담 대학교의 콘스탐(Philip A. Kohnstamm)의 영향력이 확대되었고
1960년대 이후에는 그의 제자로서 현상학적 관점에 따라 생의 확신에 대한
선택 및 책임 있는 자기 결정의 개념을 강조했던 위트레흐트 대학교의 랑
어펠트(Martinus J. Langeveld)가 큰 영향을 미쳤다(조성국, 2009a: 41-42). 그
이후에는 종교성의 개념인 존재의 비밀 안에서의 헌신개념을 강조했던 레
이든 대학교의 테르 호르스트(Wim ter Horst)와 델프트 대학교의 판 덴 버
컬(Arie van den Beukel)이 그리고 현재는 자유대학교 교수로서 종교성 개념
과 상호인생관적 인성형성이라는 다원적 접근을 시도하는 미드마(Siebren
Miedema)가 주목받고 있다(Praamsma, 2006). 미드마는 인생관이란 종교성
과 관련된 것이며 사실상 모든 교육이 가치중립적일 수 없고 인생관 형성
에 해당되는 것이라고 할 때 교육은 결국 공립적인 것이 아니라 성격상 사
립적인(bijzonder) 것일 수밖에 없으므로 인생관 형성의 작업은 공립학교
안에서도 적극적으로 이루어져야 한다고 주장하면서 그러한 인생관 교육
은 결국 상호인생관적 대화 즉 다원주의 교육이어야 하고 학교는 이를 위
해 인생관에 있어서 상대적이고 자율적인 특성을 가져야 한다고 강조한다
(Miedema, 2000: 18-21, 2014).
  이러한 변화는 기독학교에도 실제로 반영되어 네덜란드의 사립학교 교

육은 종교적 분파주의 인생관에 따른 다원성을 인정하는 것이므로 현재까지도 특히 정통 칼빈주의 단체가 운영하는 초등학교들은 큰 변함없이 개혁주의적 교리와 경건에 따른 학교 교육을 실행하고 있지만 전체적으로 볼 때 기독교학교에 대한 전반적인 열정은 많이 식었다. 개혁교회 학교연맹도 1960년대 이후 사회 내에서의 입지를 강화하려는 정책에 몰두하면서 점차 사회에 동화되어 고유의 특성을 많이 상실하였고 1971년에는 기독교학교 학회 및 기독교 대중교육단체와 병합되면서 독립 기구로서의 역할을 사실상 마감하였다(조성국, 2009a: 43). 물론 1980년대와 1990년대에 부분적으로 기독교학교 유산에 대한 재발견과 재무장운동이 일어나기도 했고 그와 같은 노력은 지금도 계속되고 있기는 하지만 예전만 못하다(Rosendaal, 2006: 280).

네덜란드 사립학교들 중에 백 년이 넘는 역사를 가진 일부 기독학교들은 원래 교회에 의해 운영되었고 많은 경우 '성경을 가진 학교(school met de Bijbel)'라고 불렸다. 하지만 세속화의 영향으로 이 부분에 많은 변화가 있어 아직 기독학교라고 불리기는 하지만 대부분의 학생들과 부모들 그리고 교사들은 더 이상 기독 신앙을 가지고 있지 않다. 기껏해야 규정이나 문서에 기독교적 규범들이나 가치들을 발견할 수 있지만 일상생활에서 성경을 더 이상 신뢰할 수 있는 하나님의 말씀으로 받지 않으며 기독교 세계관과 함께 다른 다양한 세계관들도 인정하고 있다. 가령 기독학교의 정체성에 대한 드 볼프 (Anneke De Wolff)의 연구에 따르면 교사의 약 90% 그리고 학생의 약 70%가 개혁교회 신자들인 학교도 있으나 도시의 기독 사립학교들 중에는 교사의 약 80%이상이 개혁교회 신자들이지만 학생들은 무종교가 63.4%, 이슬람 22.6%, 가톨릭 8.7%, 개신교 4.4%, 힌두교 0.8%로 이루어져있다(Wolff, 2000: 258, 326). 게다가 교사들과의 인터뷰에 따르면 학교의 기존 기독교적 정체성과 상당히 다른 견해를 가진 경우도 많다. 미드마처럼 드 볼프도 이 연구를 근거로 인생관에 대한 학생들의 자율적인 판단과 권리를 인정해야 하고 인생관 교육에 있어서 다차원적 접근이 필요하다고 주장한다(Wolff, 2000: 468). 이런 맥락에서 네덜란드의 공립학교도 다원주의를 주된 세계관으로 받아들여 교육의 공적 영역에서 나름대로의 입지를 구축했다(Ritzen, Dommelen & Vijlden, 1997: 330). 하지만 이러한 다원주의적 상황이 교육의 재정 정책을 근본적으로 변화시키지는 않았으며 1917년에 제정된 법이 그대로 지금까지 적용되고 있다.

4. 현재 네덜란드 교육의 재정 정책

네덜란드 정부는 지속적으로 교육에 높은 예산을 투자하고 있는데 2016년은 전체 예산 2,621억 유로(www.rijksoverheid.nl/onderwerpen/prinsjesdag/inhoud/miljoenennota-rijks begroting -en-troonrede/onderwerpen-rijksbegroting-2016-uitgelicht) 중 약 340억 유로로 잡혀 약 13%를 차지하고 있으며 그 내역은 아래 [그림 2]와 같다.

최근 몇 년간을 비교해 보면 2008-2012년 사이에 초등 및 중등 학생 한 명당 약 7% 지출이 증가되었고 고등교육에 대해서는 2008년에 2% 그리고 2012년에 4% 증가했다. 이는 OECD국가 중에 매우 높은 편인데 가령 중등교육의 경우 2012년에 학생 한 명당 12,300달러를 지출하여 OECD 평균인 9,500달러보다 많으며 고등교육에 대해서도 학생 한 명당 2012년

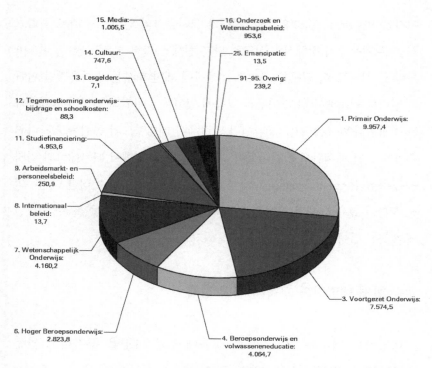

Geraamde uitgaven 지출 (bedragen 금액 x ¢ 1 miljoen 백만 유로)

1. 초등교육, 3. 중등교육, 4. 직업 및 성인교육, 6. 고등직업교육, 7. 학문적 교육, 8. 국제정책, 9. 노동시장 및 인력정책, 11. 학비 보조, 12. 기타 비용, 13. 수업료, 14. 문화, 15. 미디어, 16. 연구 및 과학정책, 25. 사회적 불이익자들을 위한 평등정책, 91-95. 기타

[그림 2] 2016년 네덜란드 교육 예산 지출 분표
출처: rijksbegroting.minfin.nl/2016/voorbereiding/begroting,kst212217.html

에 11,600 달러를 지출하여 OECD 평균인 6,700달러보다 많음을 알 수 있다. 국민총생산(GDP: gross domestic product)에서 교육비가 차지하는 규모는 0.6% 증가하여 OECD 평균인 0.2%보다 높다. 물론 이 중 정부 예산에서 지출하는 부분이 가장 많고 기타 고등교육의 경우 사적 재원의 비율

도 17%정도 증가하고 있다(gpseducation.oecd.org/Content/EAGCountryNotes/
EAG2015_CN_NLD.pdf).

　네덜란드 정부는 초등교육, 중등교육, 직업교육 및 고등교육에 대해 재
정을 지원하는데 이러한 지원에는 인건비와 기타 비용을 포함한다. 후자에
는 가령 도서, 가구 및 건물 유지비가 포함된다. 교육기관들은 전체 금액에
서 필요에 따라 지출 내역을 자율적으로 결정할 수 있으나 이에 대한 감사
가 있다. 구체적인 지원액은 학생 숫자, 그들의 연령 및 교육 형태에 따라
다르며 한 학교 이사회 밑에 몇 개의 학교가 있는가에 따라서도 다를 수 있
다. 직업학교의 경우 졸업장의 수도 중요하다. 고등교육에서는 일반 학기
중 등록하여 정상적으로 학업을 진행하고 있는 학생들의 숫자 및 졸업장
숫자가 중요한 변수이다.

　재정 지원은 각 학교 형태에 따라 별도 규정이 있는데 먼저 초등학교의
경우, 인건비 및 관리비를 지원한다. 이것은 기본 지원금이며 그 외에 학
교 상황에 따라 추가 지원금을 받을 수 있다. 인건비는 매년 10월 1일 기준
으로 이전 학년에 학생 수가 얼마였느냐에 따라 결정된다. 또한 교사의 연
령에 따라 차별 지급되는데 연령이 높을수록 보수가 많으며 이를 위해 평
균 연령을 상정하여 계산한다. 다음으로 관리비인데 건물 관리 및 청소 등
의 비용을 지원한다. 가령 가구 및 학습 장비, 청소비, 건물관리비 등이다.
정부는 매년 물가 상승률을 감안하여 지원비를 조정하되 매 5년마다 감사
를 실시하여 필요한 조정을 한다. 학교 건물 내부 유지에 들어가는 비용은
자체적으로 감당해야 한다. 그 학교가 있는 관할 관청에서는 건물 외부 유
지비용을 지불하며 학교 건물의 신축 및 확장도 지원한다. 2015년 1월 1일

이후부터 외부 유지비용은 각 학교가 지불하도록 규정이 개정되었으며 관할 관청은 신축 및 확장만 지원한다. 나아가 보다 나은 결과물을 산출한 학교들에 대해서는 추가지원금이 주어진다(www.rijksoverheid.nl/onderwerpen/financiering-onderwijs/inhoud/financiering-primair-onderwijs).

　중등교육 또한 매년 1월 1일 재정을 지원하며 이는 학생 수에 근거하여 산정되고 정부는 10월 1일에 다시 학생 수를 확인한다. 전체 예산의 약 85%는 인건비로 지출되고 나머지 15%는 관리비이다. 지출은 학교 운영위원회가 자율적으로 결정하며 인건비의 경우 고정비가 있고 학생 수 및 학교의 위치에 따라 다르다. 실습학교의 경우 교사진이 더 필요하므로 그런 부분도 감안된다. 자재비는 학교마다 기본비용과 학생 한 명당 비용이 계산된다. 이것은 학교의 위치, 학교의 특성 및 학년에 따라 다른데 여기에는 청소비, 건물 관리비, 기타 비용(교재비, 행정비, 에너지 및 수도세 등)이 포함된다. 5년 마다 감사가 이루어지며 그 때 필요한 추가 지원 내지 조정이 이루어진다. 매년 '임금 및 가격 설정 및 기타 비용'에 관한 규정이 제정된다. 건물 유지는 학교 자체적으로 지불해야 하지만 신축 및 확장의 경우 해당 관청에서 지원한다. 나아가 초등교육처럼 특별한 성과가 있을 경우 추가 지원금이 주어질 수 있다. 여기에는 언어 및 수학, 과학 및 기술, 초등학교에서의 문화교육, 재능 개발, 교사 및 학교 지도자들의 전문화 교육 등이 포함된다(www.rijksoverheid.nl/onderwerpen /financiering-onderwijs/inhoud/overheidsfinanciering-onderwijs).

　중등직업교육(MBO) 및 성인교육기관도 동일하게 재정 지원을 받는다. 각 기관은 그 예산을 어떻게 사용할지 자체적으로 결정하며 각자 정책과

교육을 학생 수 및 필요한 자재 등 학교 상황에 맞게 지출할 수 있다. 여기
서 정부가 고려하는 점들은 학생 수, 졸업장 종류 등이며 매년 지원금을 새
롭게 결정한다. 이에 관한 법률은 교육 및 직업교육실행법이다. 이런 지원
금을 받는 학교들은 가령 지역 교육센터, 직업학교들, 농업교육센터 등이
며 성과가 좋은 학교들은 추가 지원금을 받는다. 그 대상은 가령 교사 및
직원들의 전문화, 학업의 성공, 직업교육실습의 질 향상, 적정한 시기 졸
업 등이다(www.rijksoverheid.nl/onderwerpen/financiering-onderwijs/inhoud/
financiering-middelbaar-beroepsonderwijs-en-volwasseneneducatie).

　모든 인가된 고등교육기관들도 정부로부터 지원금을 받으며 지출
은 자율적으로 결정한다. 대상은 고등직업교육(HBO), 학문적 대학교육
(WO), 연구, 대학병원과의 협력 등이다. 정부는 일반 학기 중 학사 및 석
사 과정에 정식으로 등록하여 지연됨이 없이 학업을 진행하고 있는 학
생 수, 학사 및 석사 수여자 숫자 등의 요소들을 고려하여 지원 금액
을 결정한다. 정부는 매년 지원액을 관련 법률(WHW: Wet op het hoger
onderwijs en Wetenschappelijk onderzoek)에 따라 결정하며 수혜기관들은 정
부 이외에도 네덜란드 학문 연구 기관(NWO: Nederlandse Organisatie voor
Wetenschappelijke Onderzoek), 국제기구, 기업 또는 비영리기관으로부터 지
원을 받기도 한다. 고등교육기관에 대한 인가는 벨기에의 플레미쉬 정부와
연합한 기관(NVAO: Nederlands-Vlaamse accreditatieorganisatie)이 결정한다.
인가받지 않은 기관들도 간혹 지원을 받기도 하는데 이들은 담당부서인 교
육, 문화 및 과학부에 요청해야 한다. 8개의 대학 병원도 지원금을 받는데
여기서 학생들은 의학 교육을 받으며 실습도 할 수 있다. 기타 성과물이 있

으면 추가 지원금도 받는다(www.rijksoverheid.nl/onderwerpen/financiering-onderwijs/inhoud/financiering-hoger- onderwijs).

이처럼 네덜란드의 초중등교육의 재원조달 및 집행은 기본적으로 중앙정부 중 교육문화과학부(the Ministry of Education, Culture, and Science)에서 담당하지만, 농업교육 재원조달은 농업, 자연, 식량부(the Ministry of Agriculture, Nature, and Food Quality)에서 담당하고 있다.

현재 네덜란드에서는 전체 학생 중 30%만이 공립학교에서 교육을 받고, 나머지 70%는 사립학교에 다니고 있다. 학교별로 나누어 살펴보면 초등학교와 중학교 모두 1917년 이래로 사립학교에 재학하는 비율이 급격하게 증가해 왔다. 이처럼 운영의 자율성을 갖춘 사립학교가 발달하고 중앙정부로부터 재정 지원이 이루어지므로 지방 정부가 교육정책에서 담당하는 영역은 상당히 축소되었다. 각 지역 공립학교 운영의 일차적인 책임은 여전히 지방정부에 있지만, 학교 운영에 소요되는 재원은 중앙정부로부터 사립학교에 적용되는 방식과 동일하게 지원받고 있다.

하지만 모든 학교에 대한 재정 지원 규모가 동일한 것은 아니다. 1970년대 이래로 네덜란드에서는 사회경제적 배경이 열악한 지역의 학교에 대해서 기회의 균등을 보장하는 차원에서 재정 지원 규모를 상대적으로 확대하고 있다. 차등적 재정 지원에는 두 가지 방식이 있다. 첫째로는 사회경제적 배경이 열악한 가정의 자녀가 더 많이 재학한 초등학교에 대해 가중치를 두어 재정 지원 규모를 늘리고 있다. 따라서 사회경제적 배경이 열악한 가정의 학생들에 대해서는 일반 학생들보다 1.9배 많은 학생당 재정 지원금을 학교에 지급하고 있다(Ritzen, Dommelen & Vijlden, 1997: 330).

둘째로는 사회경제적 배경이 열악한 지역에 소재한 학교에 추가적인 보조금을 지급하고 있다. 이 방식에 따르면 사회경제적 배경이 열악한 거주민이 많은 지역의 학교에 대해서는 그렇지 않은 학교보다 학생당 기준지원금이 1.25배 더 크다. 사립학교는 일정한 기준을 충족하면 누구나 자율적으로 설립할 수 있고, 정부로부터 재학생 수에 따른 재정 지원을 받을 수 있다. 이 경우 정부의 중요한 과제는 학교의 질을 정해진 수준 이상으로 유지할 수 있도록 규제를 가하고 및 감독을 실행하는 데에 있다. 따라서 정부는 학교에 대한 투자수준 및 교육과정과 절차에 대한 다양한 기준을 세우고, 사립학교의 실행 여부에 대하여 감독하고 있다(Ritzen, Dommelen & Vijlden, 1997: 330). 한편 사립학교는 주로 종교재단에 의하여 설립되고 있다. 따라서 20세기 후반을 거치며 사립학교는 소득계층이나 계급에 따라 학생들이 분리되는 공간이 아니라 각 종교를 믿는 다양한 소득수준과 배경의 가정 출신 학생들이 혼재되어 함께 교육을 받는 곳으로 발전하였다. 하지만 최근 탈종교화와 더불어 사립학교가 사회적 계층에 따른 학생들의 분리를 촉진하는 방향으로 변하고 있다.

교원 채용 예산은 전체 초등교육 인건비의 85% 정도이며 이는 전체 초등교육 재정의 75% 수준이며 설비비의 경우에는 1997년부터 재원조달 책임이 중앙정부에서 지방정부로 바뀌었다. 2006년 8월 1일 이후로 초등학교 및 중등과정 특수학교에 대한 인건비와 운영비의 지급 방식이 포괄적 보조금의 형태로 전환되었다. 따라서 각 학교는 중앙정부로부터 지급받은 포괄적 보조금을 자유롭게 인건비와 운영비로 나누어 활용할 수 있게 되었다. 중등교육기관의 경우에는 1992년에 처음 도입되었던 교원채용예산 지급제도가 초등학교보다 이른 1996년에 포괄적 보조금의 형태로 전환되었다. 따라서 네덜란드의 중등교육기관 역시 재정 집행에 있어 상당한 자유를 누리고 있다. 포괄적 보조금의 규모는 학교당 기본 금액에 재학생 수 기준금액을 더하여 결정된다. 한편 중등교육기관의 설비비는 초등학교와 같이 1997년 이후부터 지방정부가 지방기금으로 재원을 조달하고 있다.

많은 사립학교는 학부모들이나 기업 및 후원단체로부터 별도의 재정 지원을 받고 있다. 공식적으로 사립학교는 재학생의 학부모에게 수업료 및 후원금을 부과할 수 없고, 후원금이나 수업료를 납부하지 않는다는 이유로 학생의 입학을 거절할 수 없다. 하지만 후원금 형태로 일정 금액을 납부하는 행위는 많은 사립학교에서 일반화되어 있는 실정이다(www.rijksoverheid. nl/onderwerpen/financiering –onderwijs/inhoud/private–bijdragen–in–het– onderwijs).

1997년 이후로 지방정부를 통한 교육재원 조달이 확대되고 있다. 하지만 아직까지 대부분의 재원 조달은 중앙정부에 의하여 이루어지고 있다. 초등학교의 경우 현재 90%의 재원이 중앙정부에 의하여 조달되고 있으며, 나머지 10%를 지방정부 및 다른 재원에 의존하고 있다(Ladd and Fiske, 2011). 따라서 각 지방정부는 가용한 자원을 활용하여 지역 학교에 대한 투자규모를 확대할 수 있다. 하지만 이러한 경우에도 동일지역에 위치한 공립학교와 사립학교에 대해 동등하게 지원수준을 유지해야 한다는 원칙은 계속 지켜 나가고 있다. 물론 사회적 불평등을 해소하기 위한 경우 등 특수한 상황에서는 차등적인 지원도 이루어질 수 있다(고선, 2011: 94).

이와 같이 공립 및 사립학교에 모두 동등한 재정 지원을 하는 네덜란드

의 교육제도는 소위 "구획화(verzuiling)"라고 불린다. 이러한 제도의 가장
중요한 특징은 중앙 정부는 다원화된 네덜란드 사회의 상황을 고려하여 공
립 및 사립학교에 대해 재정 지원만 하고 부모들은 자신들의 세계관에 따
라 학교를 정할 수 있도록 하는 것이다. 하지만 이러한 제도를 시행하기 위
해서는 매우 상세한 법률 및 규정들이 필요하며 이는 결과적으로 지방 자
치 정부의 역할을 상대적으로 축소시켰다. 1917년 이후부터 네덜란드 부모
들에게는 자녀들을 위해 학교를 선택할 수 있는 자유가 주어졌으므로 대
부분의 부모들은 자신들의 세계관에 따라 자녀들의 학교를 결정했는데 이
것이 사회통합에 도움을 준 면도 있었다. 왜냐하면 가령 가톨릭 부모의 경
우 상류층이나 하류층 자녀들 모두 동일한 학교에서 균등한 교육을 받을
수 있었기 때문이다. 하지만 가장 중요한 것은 학생들의 숫자가 크던 작
던 상관없이 모든 학교들이 동일한 교육의 질적 수준을 유지하는 것이었다
(Ritzen, Dommelen & Vijlder, 1999: 331). 그러나 어떤 사립학교들은 여전히 부
모들에게 기부금을 기대하고 간접적으로 요청하는 경우들이 있어 이것이
또 하나의 불평등을 야기하고 있다는 비판도 있다. 나아가 부모들이 학교
를 선택할 자유를 남용하여 어떤 학교들을 인종적인 편견과 잘못된 선입관
을 가지는 경우들도 적지 않다. 이에 대해 네덜란드 정부는 부모들에게 어
떠한 기부금도 반드시 내어야 한다는 의무가 없음을 홍보하고 재정적인 이
유로 입학을 거부하는 학교는 없음을 알리고 있다.

이런 상황 속에서 새롭게 나타난 문제점들도 있는데 대표적인 세 가지
는 다음과 같다. 첫째 소외된 계층의 자녀들을 위한 학교들에게 중앙 정부
가 좀 더 많은 지원금을 주자 이 학교들은 이 추가적인 지원금을 가지고 원

래의 목적인 학생들에게 더 필요한 교육을 위해 사용하기 보다는 주로 학급 규모를 줄이는데 사용하고 있다는 것이다. 그리고 둘째로는 지방 정부들의 권한이 제한되어 있기 때문에 이 지방 정부야말로 지역 사회 및 학교들의 문제점을 가장 잘 알고 해결책도 가지고 있음에도 불구하고 할 수 있는 일들이 상당히 제한되어 있다는 것이다(Ritzen, Dommelen & Vijlden, 1997: 331). 이처럼 중앙 정부와 지방 정부 간의 경쟁을 어떤 방법으로 조화롭게 이루어나갈 것인가 하는 점이 매우 중요한 과제로 보인다. 따라서 현재 네덜란드 정부는 평등의 원칙이라는 범위 내에서 지방 정부의 권한을 조금씩 확대하여 사회적 불이익(social disadvantage)을 감소하는 정책을 펼치고 있다(Ritzen, Dommelen & Vijlden, 1997: 331). 마지막으로 어떤 부모들은 자기 자녀들의 교육을 위해 좀 더 투자하기를 원한다. 이에 대해 네덜란드 정부는 일관성 있게 여러 가지 면에서 불리한 입장에 있는 학생들이 많은 학교에 더 많은 지원을 함으로써 사회적 평등을 추구하고 있다. 여기서 발생할 수 있는 다양한 갈등에 대해서는 지방 정부의 역할이 더욱 강조된다(Ritzen, Dommelen & Vijlder, 1999: 333).

Ⅲ. 나가는 말

지금까지 네덜란드의 교육 재정 정책을 역사적 관점에서 살펴보았다. 먼저 네덜란드 교육 제도의 근간을 이루는 헌법 23조에 대해 고찰하고 교육 제도의 기본적인 내용을 살펴본 후 이러한 제도가 정착되게 된 역사적 배경을 네 단계로 나누어 그 흐름을 분석하였다. 전체적으로 볼 때 칼빈주의적 사립교육으로 대표되는 16-17세기에 이어 계몽주의적 모더니즘이 지배한 18-19세기의 공교육 및 이에 대한 정부의 재정 지원, 이에 대해 학교 투쟁을 통해 기독 사립학교 교육의 자유 및 정부의 재정 지원을 이끌어내면서 교육의 의미를 보다 확장한 19-20세기의 신칼빈주의 그리고 현대 네덜란드의 다원주의 사회에서 교육 재정 정책을 분석해 보았다. 이처럼 네덜란드의 역사적 배경 및 흐름은 한국과 다르다. 하지만 네덜란드 교육 재정 정책은 한국 교육 현장에 주는 함의가 적지 않은데 결론적으로 그 함의가 무엇인지 정리해 보겠다.

　무엇보다 먼저 네덜란드는 공립과 사립 모두 정부가 재정 지원을 함으로써 모든 국민들에게 교육에 관한 한 재정적인 부담이 없도록 정책을 수립했다는 점을 기억해야 한다. 심지어 초등학교 아이들은 학교에 갈 때 책가방도 없이 가는 경우가 많다. 교과서 및 기본 필기도구도 학교에서 지급하고 학생들은 학습에 필요한 물품들을 학교에 두고 다닐 수 있기 때문이다. 이러한 물질적인 부분뿐만 아니라 내용적인 면에서도 학교 교육이 충실하기 때문에 사교육이 거의 필요 없으며 따라서 학원이 없고 있다면 음악 학교(Muziekschool) 정도이다. 이 부분은 한국의 교육 현실과 기본적인 차이점을 이룬다. 한국의 교육 정책 또한 적어도 기본 의무 교육 과정에서는 다른 사교육이 필요 없는, 따라서 부모에게 교육비에 대한 부담이 없도록 해야 할 것이다. 2016년 한국의 교육부 예산은 전체 예산액 386조7000억의 약 14%인 53조 2000억 원으로 네덜란드(약 44조)보다 총액은 많지만 한국은 인구가 더 많기 때문에 한 명당 투자액은 네덜란드보다 낮다. 반면 한국의 연간 사교육비도 거의 예산에 맞먹는 연간 40조에 달한다고 한다(www.
nocutnews.co.kr/news/4623837). 이러한 재원을 정부가 보다 효과적인 세수
를 통해 교육에 올바르게 투자한다면 학원이 존재할 필요도 없고 공교육도
정상화될 것이다.

둘째로는 유치원교육이 초등교육과 통합되어 의무교육이며 모든 재정
을 정부가 부담한다는 점은 한국 교육의 재정 정책에 큰 도전이 된다. 한국
의 경우 유치원 교육이 기본 학제에서 누락되어 있어 공교육의 일부로서
정당한 대우와 지원을 받고 있지 못하는 실정이다. 네덜란드처럼 유치원과
초등학교 학제를 반드시 통합하지 않는다 하더라도 만 4세부터 모든 어린
이들이 재정적인 부담 없이 평등한 교육을 받을 수 있는 방향으로 나아가
야 할 것이다.

셋째로 네덜란드 교육에서는 학교 학년제가 유동적이어서 학생 개인의
능력 차이를 인정하여 유급 또는 월반이 가능하다. 물론 이것은 주로 초등
학교에서 이루어지지만 그만큼 학제에 융통성이 있으나 한국 교육의 학제
는 고정되어 있어서 학생들의 능력별 개인차를 충분히 고려하고 있지 못하
며, 학제 안에서 학생들의 횡적인 이동이 제약되어 있다. 나아가 초등학교
졸업 후에도 직업학교에서 대학을 준비하는 과정으로의 이동이 가능한 시
스템을 잘 갖추고 있으나 한국의 교육은 그렇지 못하다. 이러한 부분은 재
정적인 면과 직접 연관되지 않는다고 말할 수 있으나 전체적으로 보다 효
율적인 제도를 운용할 경우 그만큼 재정 집행도 더욱 효율적이 될 것이다.

넷째로 네덜란드 교육에는 초등학교 이후 대학을 준비하는 학생들과 직
업학교로 가는 학생들 간에 신분적인 차이나 우월감/열등감이 거의 없다.

자신의 재능을 살려 그 방향으로 자신의 미래를 준비할 수 있도록 학교 교육을 재정적으로 지원하고 학생들은 자신의 진로에 대해 자긍심을 가지고 최선을 다할 수 있도록 학습 환경을 만들어 주며 직업학교를 졸업하여도 자신의 분야에서 전문가가 되면 사회에서 그에 해당하는 대우를 받으며 자신감 있게 살아갈 수 있도록 하는 정책이 지금의 선진국 네덜란드를 만들었다. 한국의 교육 정책도 소위 '금수저, 은수저, 흙수저'라는 말이 나오지 않도록 평등화를 추구하면서 암기를 위주로 한 대학 입시 중심적인 주입식 교육을 지양하고 학생 자신의 관심과 특기를 살려 주는 다양화되고 창조적이며 열린 교육을 지향해 나가도록 정부도 재정 지원을 아끼지 말아야 할 것이다. 나아가 이러한 부분이 노동 시장에서도 충분히 인정되어 학벌이 신분을 결정하지 않는 평등한 민주 교육이 되도록 노력해야 할 것이다.

다섯째로, 네덜란드 교육의 역사는 정부가 주도하는 학교교육에서 부모의 교육권이 박탈되어서는 안 된다는 점을 보여 주었다. 특히 부모의 교육권은 부모 스스로 지지하는 인생관에 따라 자신의 자녀들을 교육할 수 있는 자유를 의미했다는 점이 중요하다. 국가가 국민을 획일적으로 통합하는 도구로 삼았던 근대 공립학교교육에서 네덜란드 기독교인들이 가정교육을 강조하는 동시에 교육의 자유를 주요 가치로 내세워 사립학교의 정당성을 얻어낸 것은 우리에게도 기독 부모의 교육적 의무에 대한 인식의 제고를 위해 노력이 필요함을 일깨워준다. 한국의 경우 교육에 관한 모든 것을 학교에 맡기려는 경향이 많다. 하지만 네덜란드의 경건한 칼빈주의자들은 처음부터 가정, 교회 및 학교의 삼위일체적 교육이 중요함을 강조하며 1917년 헌법이 제정되기 전까지는 자녀 교육을 위해 필요하다면 재정적 부담도

감수해 왔으며 지금도 여전히 자녀 교육에 관한 부모의 책임의식이 매우 강함을 볼 수 있다. 한국의 교육 환경에도 부모와 가정의 역할을 더욱 강조해야 할 것이며 특히 기독 사립학교의 경우에는 학교와 교회 그리고 가정이 상호 긴밀히 협력해야 하겠다. 물론 대부분의 한국 부모들도 자녀 교육을 위해 모든 것을 희생하는 것으로 널리 알려져 있다. 하지만 가정교육에 대한 부모의 책임의식은 다소 약한 것이 사실이며 이 부분에 대한 반성과 회복이 필요하다고 말할 수 있다. 물론 이 부분이 재정 정책에 직접 관련되지는 않지만 부모가 지불하는 사교육비보다 가정에서 자녀들에 대한 인성 및 영성 교육에 더 노력하는 것이 필요하다고 본다.

여섯째로 네덜란드 교육은 어떤 교육도 중립적일 수 없으며 계몽주의적 모더니즘에 근거한 근대의 공립학교교육도 사실 인본주의적이고 국가주의적인 세계관을 형성하는 교육이라는 점을 잘 지적하였다. 따라서 한국에도 그러한 세계관이 학생들에게 미칠 부정적 영향을 심각하게 고려하면서 자녀들을 보호하고 성경적 세계관을 형성할 수 있는 기독교 교육이 필요하며 그런 의미에서 초등학교 때부터 기독교 세계관 교육이 필요하다. 한국의 공립교육도 결코 중립적이 아니라는 점을 강조할 필요가 있으며 '교육의 자유' 및 국가의 균등한 재정 지원을 이끌어낼 수 있는, 흐룬 판 프린스터러나 카이퍼 같은 영적, 정치적 지도자도 나와야 할 것이다.

일곱째로 네덜란드 교육 정책은 성숙하고 책임의식이 강한 글로벌 시민을 양성하는데 초점을 둔다는 것이다. 사실 네덜란드는 약간의 천연 가스를 제외하면 부존자원이 거의 없는 나라이다. 자연 환경을 보면 여러 가지 면에서 매우 열악한 상황이며 유일한 경쟁력은 인적 자원이다. 따라서 네덜란드는 기본적인 교육에 충실할 뿐만 아니라 다양한 외국어 교육 및 문화 교류 그리고 여행 등을 통해 어릴 때부터 세계적인 감각을 익혀 17세기에 전 세계의 무역을 제패하며 모든 분야에서 세계 최고의 황금기를 누린 이후 지금까지도 국제 무역 등을 통해 작지만 매우 강하고 큰 나라가 되어 있다(최용준, 2014). 인구는 1600만 밖에 되지 않지만 한 사람 한 사람이 자신의 삶과 분야에서 매우 성숙하고 책임의식이 강한 국민들이다. 마약, 동성애, 매춘 등을 허용하여 매우 자유분방한 것 같지만 사실 범죄율은 매우 낮은 건강한 나라여서 교도소를 최근에는 다른 나라 범죄자들을 송치하는 데 빌려 주고 심지어 난민 수용소로 개조하고 있다. 한국의 교육은 이러한 부분을 더욱 벤치마킹하여 글로벌한 지도자들과 함께 자신의 일상생활에 충실한 건강한 시민들을 키워내도록 노력해야 할 것이다.

　마지막으로 네덜란드 교육의 역사는 교육을 위한 그리스도인들의 사회적, 정책적 참여의 중요성을 보여 준다. 네덜란드에서 기독학교의 자유와 권리는 기독교 사회 운동과 정치 참여를 통해 획득된 반면 한국의 기독학교 역사에서 기독교인들은 이러한 목적을 위한 사회, 정치적 참여에 소극적이었고 이를 위한 연합을 이루지 못했다. 이런 점에서 한국 기독교육자들, 기독 정치인들은 기독학교교육의 법적, 제도적 지위를 확립시키는 일에 관심을 가지고 협력해야 하며 기독 시민들도 적극 협조하여 함께 노력해 나가야 할 것이다.

참고문헌

고선(2013). "유럽의 교육재정제도 연구", 한국지방세연구원.

조성국(2009a). "네덜란드 기독교학교운동의 역사가 한국 기독교학교의 과제에 주는 함의", 『기독교 교육논총』 20(1), 21-52.

_____ (2009b). "흐룬 판 프린스터러(G. Groen van Prinsterer)의 기독교 교육사상", 『복음과 교육』 5, 9-31.

최용준(2014). "칼빈주의와 네덜란드의 기업가정신" 『신앙과 학문』 19(1), 153-181.

_____(2016). "Research on the Christian Philosophy of Education in the Netherlands: a historical approach", 『신앙과 학문』 21(2), 231-257.

Coetzee, J. C.(1958). *Inleiding tot die historiese opvoedkunde*. Johannesburg: Voorwaarts.

De Vijlder, Frans J.(2000), "Dutch Education: a closed or an open system?" A presentation of the Dutch Ministry of Education, Culture, and Science, the Netherlands on behalf of the OECD.

Golverdingen, M.(1995). *Mens in beeld: antropologische schets ten dienste van de bezinning op onderwijs, opvoeding en pedagogische theorievorming in reformatorische kring*. Leiden: Uitgeverij J. J. Groen en Zoon.

Groen van Prinsterer, G.(1847). *Ongeloof en revolutie*. S. en J. Luchtmans.

Knippenberg, H.(1986). *Deelname aan het lager onderwijs in Nederland gedurende de negentiende eeuw*. doctor proefschrift. Universiteit van Amsterdam.

Kruithof, B.(1990). *Zonde en deugd in domineesland: Nederlandse protestanten en problemen van opvoeding zeventiende tot twintigste eeuw*. Universiteit van Amsterdam.

Kuiper, R.(2001). *Tot een voorbeeld zult gij blijven. Mr. G. Groen van Prinsterer (1801-1876)*, Amsterdam: Buijten en Schipperheijn.

Kuyper, A.(1880). *Souvereiniteit in eigen kring: rede ter inwijding van de vrije Universiteit*. Amsterdam: J.H. Kruyt.

Ladd, H. F., and Fiske, E. B.(2011). "Weighted Student Funding in the Netherlands: A Model for the U.S.?" *Journal of Policy Analysis and Management*, Vol. 30, No. 3, 470—498.

Miedema, S.(2000). *De comeback van God in de pedagogiek*. Waterink Lezing 2000. Amsterdam: Vrije Universiteit.

_____.(2006). "Naar de Vrije Universiteit Amsterdam als een daadwerkelijk interlevens—beshouwijke universiteit". Voorsluis, B. (ed.). *Beweegredenen: VU-wetenschappers en levensbeschouwing*. Amsterdam: VU Podium & Vereniging VU—Windesheim. 18—25.

Praamsma, J. M.(2006). "Verkenning in het landschap van de christelijke pedagogiek". DeGraaf, R. (ed.). *Bijzonder onderwijs: Christelijke geloof in de dagelijkse praktijk van basis- en voortgezet onderwijs*. Zoetermeer: Uitgeverij Boekencentrum.

Ritzen, J. M. M., Van Dommelen, J. and de Vijlder, F. J.(1997). "School Finance and   School Choice in the Netherlands," *Economics of Education Review*, Vol. 16, No. 3, 329—335.

Rosendaal, A. C.(2006). *Naar een school voor de gereformeerde gezindte: het christelijke onderwijsconcept van het Gereformeerd Schoolverband (1868-1971)*. Verloren.

R ling, H. Q.(1994). "Onderwijs in Netherland" in Kruithof, B., Noordman, J. & DeRooy, P. (eds) (1994). *Geschiedenis van opvoeding en onderwijs:*

inleiding bronnen onderzoek. (vijfde druk). Nijmegen: Sun.

Sturm, J. C.(1988). *Een goede gereformeerde opvoeding over neo-calvinistische moraalpedagogiek (1880-1950), met speciale aandacht voor de nieuw-gereformeerde jeugdorganisaties*. Kampen: J. H. Kok.

Van Dyke, H.(1989). *Groen van Prinsterer's lectures on unbelief and revolution*. Jordan Station, Ontario: Wedge Publishing Foundation.

Wolff, A. De (2000). *Typisch christelijk?: een onderzoek naar de identiteit van een christelijke school en haar vormgeving*. Kampen: Uitgeverij Kok.

Wolthuis, J.(1999). *Lower Technical Education in the Netherlands, 1798-1993: The Rise and Fall of a Subsystem*. Garant Uitgevers N. V.

http://en.wikipedia.org/wiki/Education_in_the_Netherlands (검색일 2016.07.02.)

https://en.wikipedia.org/wiki/Ministry_of_Education,_Culture_and_Science_ (Netherlands) (검색일 2016.07.15.)

http://en.wikipedia.org/wiki/Neo-Calvinism) (검색일 2016.07.15.)

http://gpseducation.oecd.org/Content/EAGCountryNotes/EAG2015_CN_ NLD.pdf (검색일 2016.07.15.)

http://nl.wikipedia.org/wiki/Onderwijs_in_Nederland (검색일 2016.07.15.)

http://nl.wikipedia.org/wiki/Onderwijswet_van_1857 (검색일 2016.07.15.)

http://nl.wikipedia.org/wiki/Schoolstrijd_(Nederland) (검색일 2016.07.02.)

http://nl.wikipedia.org/wiki/Synode_van_Dordrecht (검색일 2016.07.02.)

http://rijksbegroting.minfin.nl/2016/voorbereiding/begroting,kst212217.html (검색일 2016.07.15.)

http://www.allofliferedeemed.co.uk (검색일 2016.07.15.)

http://www.budget.go.kr/info/2016/budget2016_overview.html (검색일

2016.07.15.)

http://www.cito.nl (검색일 2016.07.15.)

http://www.denederlandsegrondwet.nl/9353000/1/j9vvihlf299q0sr/
    vi5kn3s122s4 (검색일 2016.07.15.)

http://www.expatica.com/nl/education/Education-in-the-
    Netherlands_100816.html (검색일 2016.07.15.)

http://www.katinkahesselink.net/ond/onderwijs-nederland.png (검색일
    2016.07.15.)

http://www.nocutnews.co.kr/news/4623837 (검색일 2016.07.15.)

http://www.nutalgemeen.nl (검색일 2016.07.02.)

http://www.oecd.org/pisa/keyfindings/pisa-2012-results-overview.pdf (검색
    일 2016. 07.15.)

http://www.onderwijsgeschiedenis.nl/Tijdvakken/De-Schoolstrijd (검색일
    2016.07. 15.)

http://www.owinsp.nl/english/the-dutch-educational-system (검색일
    2016.07.15.)

http://www.rijksoverheid.nl/onderwerpen/financiering-onderwijs/inhoud/
    financiering-primair-onderwijs (검색일 2016.07.15.)

http://www.rijksoverheid.nl/onderwerpen/financiering-onderwijs/inhoud/
    financiering-middelbaar-broepsonderwijs-en-volwasseneneducatie
    (검색일 2016.07.15.)

http://www.rijksoverheid.nl/onderwerpen/financiering-onderwijs/inhoud/
    financiering-hoger-onderwijs (검색일 2016.07.15.)

http://www.rijksoverheid.nl/onderwerpen/financiering-onderwijs/inhoud/
    overheidsfinanciering-onderwijs (검색일 2016.07.15.)

http://www.rijksoverheid.nl/onderwerpen/financiering-onderwijs/inhoud/
　　private-bijdragen-in-het-onderwijs (검색일 2016.07.15.)

https://www.rijksoverheid.nl/onderwerpen/prinsjesdag/inhoud/
　　miljoenennota-rijksbegroting-en-troonrede/onderwerpen-
　　rijksbegroting-2016-uitgelicht(검색일 2016.07.15.)

http://www.totheildesvolks.nl (검색일 2016.07.02.)

http://www.verus.nl/historie/oorsprong-van-verus-protestants-christelijk(검
　　색일 2016.07.15.)

—
4장

기독교 대안학교의 재정 자립을 위한 방안 탐색[1]

강영택(우석대, 교육학)

I. 들어가는 말

기독교 대안학교가 우리나라에 설립된 지 벌써 20여 년의 세월이 지나고 있다. 1990년대 중반부터 기독교교사들과 기독교 교육학자들 사이에서 기독교세계관에 근거한 기독교학교에 대한 관심이 고조되었고, 이러한 관심은 많은 교회로 확산되어 2000년대에 들어 본격적으로 기독교 대안학교란 형태로 학교들이 설립되기 시작했다. 2000년대에 들어와 10여 년 동안 거의 매해 10개 이상의 학교들이 개교를 할 만큼 기독교 대안학교에 대한

---

1 본 글은 2016년 11월 12일(토) 기독교학교교육연구소에서 "기독교 대안학교의 재정"을 주제로 개최한 학술대회에서 발표하였고, 이후 「신앙과 학문」 22권 1(2017.03)호에 게재되었음을 밝힌다.

교계의 관심이 높았다. 그러나 그 추이는 2010년대 중반에 들어오면서 바뀌고 있다. 학교의 설립이 주춤할 뿐 아니라 이미 개교한 학교들도 학생 모집이 어려워 문을 닫는 학교들이 생겨나고 있다.

기독교 대안학교는 기존의 공교육이 하지 못했던 기독교적 세계관에 대한 학과교육을 실시하여 기독교학부모들과 학생들의 기독교 교육에 대한 필요를 충족시키는 역할을 해 왔다. 더구나 기독교 대안학교의 교육 내용은 정체성의 혼란을 겪고 있던 많은 미션스쿨들에게 기독교학교의 방향을 새롭게 설정하는데 큰 도움을 주었다. 그러므로 기독교 대안학교는 우리나라에서 지속적으로 운영, 성장해야할 당위성이 충분히 있다. 그러나 현재 200여 개의 기독교 대안학교 가운데 학교운영에 어려움을 겪는 학교들이 다수이다. 학교가 겪는 어려움의 원인이 다양하지만 그중에도 재정적인 문제가 큰 부분을 차지한다.

많은 기독교 대안학교들이 정부의 재정 지원을 받지 못하고 있는 형편에서[2] 대개의 학교들은 학부모들이 내는 돈에 의존하는 형편이다. 그러다보니 학생들의 등록금이 올라가거나 혹은 교사들의 임금이 낮아지는 현상을 보여 준다. 그런데 이 두 가지 현상은 교육적으로 바람직하지 못할 뿐 아니라 기독교학교의 성격에도 어긋나는 결과를 가져온다. 그러므로 기독교 대안학교가 시급히 해결해야 하는 과제는 교사의 임금을 어느 정도 확보하면

---

2 기독교 대안학교 가운데 대안교육을 하는 특성화학교들(두레자연중고, 동명고, 세인고, 한빛고 등)은 법적으로 특성화학교이기 때문에 재정 지원을 받는다. 또한 2000년대 중후반에 교육부는 미인가 대안학교를 대상으로 특정 평가기준에 의해 차등적으로 재정 지원을 실시한 바 있다. 그러나 그 때에도 미인가 대안학교에 대한 지원은 학생당 평균 39만 원을 지원하여 대안교육 특성화학교들이 받은 620만 원에 비해 절대적으로 적었다(2007년 기준).

서 동시에 학교의 총세입 중 학부모 부담률을 낮추는 일이다. 다시 말하면, 학부모들이 내는 등록금이나 기부금 외에 다른 재원들을 마련하여 학교운 영비를 충분히 사용할 수 있는 방안을 마련해야 한다는 것이다.

본 연구는 학교운영을 위해 사용할 충분한 재원을 학부모 재원 외에 어 떻게 확보할 것인지를 탐구하고자 한다. 이러한 목적을 위해 학교재정의 건전성을 보여 주는 학교사례들을 찾아 사례분석을 통해 시사점을 얻고자 한다. 기독교 대안학교의 경우 대개 학부모 재원 외에 교회지원금과 후원 금을 포함한 학교자체 수입이 있을 수 있다. 여기서는 재정확보 방안에 학 교 밖 지역사회의 지원과 후원으로 학교운영비를 절감하는 것도 포함하여 논하고자 한다. 그리고 일부의 기독교 대안학교들은 국가의 재정 지원을 요구하기도 한다. 국가의 공적 재정 지원의 문제는 중요한 이슈이므로 비 판적인 관점에서 잠깐 살펴보도록 하겠다.

본 연구는 교회의 지원과 개인 후원자들의 후원을 효과적으로 받으며 학 교의 자체 수입구조를 만드는 좋은 국내외 사례를 분석하고자 한다. 이러 한 사례 분석은 기독교 대안학교들이 현재 직면하고 있는 재정적 어려움 을 타개하는데 도움을 줄 수 있을 것이다. 사례분석을 하기에 앞서 현재 다 수의 기독교 대안학교들이 경험하고 있는 재정 문제의 어려운 실태를 잠깐 살펴보고자 한다. 이런 실태에 대한 이해는 기독교 대안학교가 재정적인 문제에서 자립방안을 강구해야 할 필요성을 더욱 느끼게 할 것이다.

II. 기독교 대안학교의 재정 실태[3]

1. 높은 등록금과 교육기회의 차별 문제

기독교 대안학교들은 대개 정부의 재정 지원이 없는 상태이기에 세입의 상당부분을 학부모들에게 의존할 수밖에 없다. 기독교학교교육연구소(2013)의 조사에 따르면 기독교 대안학교의 연 총세입의 64.4%가 학부모부담금으로 충당되고 있다고 한다. 대안교육의 특성화학교를 제외한 미인가 기독교 대안학교만을 대상으로 한다면 학부모부담금은 70.7%로 높아지게 된다. 학부모부담금이 총세입의 80% 이상을 차지하는 학교도 38.1%나 된다. 학부모부담금은 등록금, 예탁금, 기부금, 기숙사비, 해외수업비 등이 포함된다. 그중에서 가장 큰 부분을 차지하는 등록금은 월 50만 원-100만 원이 36.5%로 가장 많고, 30만 원-50만 원이 24.3%, 100만 원-150만 원이 12.2% 등으로 되어 있다. 이를 평균하면 등록금은 월 58만 원 정도가 된다(2011년 기준). 예탁금과 기부금은 80% 정도의 학교들에서는 없지만 1,000만 원 이상의 기부금을 내는 학교도 8%나 되고, 500만 원 이상의 예탁금을 내는 학교 역시 8% 정도가 된다(기독교학교교육연구소, 2013). 이러한 통계는 학교에 입학할 때 1,000만 원의 돈을 내고, 1,000만 원이 훨씬 넘는 등록금

---

3 본 연구에서 재정 실태의 분석을 위해 사용된 통계자료는 교육부(2015), 기독교학교교육연구소(2013), 이혜영 외(2009)에서 제시한 것이다. 기독교 대안학교에 대한 통계자료는 기독교학교교육연구소에서 조사, 발표하는 것이 유일하며 신뢰할만하다. 대안학교에 대한 통계자료는 이혜영 외(2009)의 연구가 한국교육개발원의 연구보고서로서 우리나라 대안학교에 대한 전수조사이다.

을 매년 내야하는 학교가 기독교 대안학교 가운데 10%가 넘는다는 사실을 보여 준다.

이러한 기독교 대안학교의 재정 실태는 일반 대안학교의 재정 상황과도 차이를 보여 준다. 일반 미인가 대안학교의 경우 학부모 부담금이 총세입의 65%로 미인가 기독교 대안학교 70.7%보다는 5.7% 낮은 수준이다. 대안교육 특성화학교들을 포함하면 그 차이는 더욱 커진다. 대안교육 특성화학교의 경우는 총세입에서 학부모 부담율이 40%에 불과하다. 이는 정부의 재정 지원을 포함한 외부보조금이 56%나 되기 때문이다. 구체적으로 말하면 대안교육 특성화학교의 경우 한 학교당 평균 7억 2백만 원을 국가로부터 지원을 받았다(2008년 기준). 이는 학생 1인당 660만 원이 된다. 이에 해당하는 금액을 미인가 기독교 대안학교의 경우는 학부모들이 부담해야 된다는 것이다.

기독교 대안학교 학부모들이 부담해야 하는 금액은 기독교 대안학교와 일반 대안학교의 학부모부담율의 차이와 더불어 학교 간 세입규모의 차이와도 관계한다. 즉, 학교의 세입규모가 크면 학부모 부담율이 같다 해도 부담금액은 커지게 되는 것이다. 그런데 기독교 대안학교의 평균 연 총세입이 13억 9천 8백만 원(2011년 기준)인데 비해 미인가 대안학교의 평균 총세입은 2억 8천 9백만 원(2008년 기준)에 불과하다(이혜영 외, 2009). 기독교 대안학교의 평균 학생 수가 92명으로 미인가 대안학교의 평균 학생 수 41명보다 많다는 사실을 감안하더라도 기독교 대안학교는 일반대안학교에 비해 훨씬 많은 돈을 필요로 하고 있음을 알 수 있다. 그처럼 많이 요구되는 재정의 상당부분을 학부모들이 부담해야 된다는 의미이다.

교육부에서는 미인가 대안학교를 교육목적에 따라 다문화, 탈북, 종교/선교, 국제교육, 미혼모, 부적응학생, 대안교육 등 여섯 가지로 분류하였다. 그중에서 기독교 대안학교는 대개 종교/선교의 범주에 포함된다. 그런데 종교/선교 성격의 대안학교의 학부모 부담금은 국제교육 성격의 학교 다음으로 높게 나타난다. 즉, 연간 1천만 원 이상의 돈을 학부모가 부담하는 학교의 비율이 전체 종교 학교의 46.5%나 된다. 이는 등록금이 대개 면제되는 탈북학교나 미혼모 학교와 좋은 대조가 된다. 종교학교가 지나치게 높은 학부모 부담금을 책정함으로 교육의 공공성과 관련하여 종종 비판이 제기되기도 한다(교육부, 2014). 대안학교의 교육목적에 따른 학부모 부담금의 분포현황은 아래 〈표1〉과 같다.

〈표1〉 학교의 교육목적에 따른 학부모 부담금의 분포현황

	면제	100만 원 미만	100만 원~ 250미만	250만 원~ 500미만	500만 원~ 1천만 원	1천만 원 이상	합계
다문화	1	3	2	2		6	14
탈북	4	1	1				6
종교 선교	1	2		2	18	20	43
국제교육					1	7	8
미혼모	4		1				5
부적응학생	38	12	2	9	11	16	88
대안교육	4		4	6	16	5	35
합계	52	18	10	19	46	54	199
(%)	26.1%	9.0%	5.0%	9.5%	23.1%	27.1%	100%

출처: 교육부(2014). 대안교육시설 현황조사. 보도자료.

이러한 통계가 보여 주는 기독교 대안학교의 재정 실태는 여러 가지 현실적인 문제점들이 발생하게 되는 이유를 설명해준다. 먼저 등록금과 관련

해서 문제가 되는 것이 소위 귀족학교 논쟁이다. 중고등학교의 등록금이 대학의 등록금보다 비싼 연 1,200만 원 이상이라는 사실은 다수의 국민들이 쉽게 수긍하기 어려운 부분이다. 결국 이런 학교에 자녀를 보낼 수 있는 가정은 제한될 수밖에 없을 것이다. 실제 대안학교 학부모들의 소득수준을 조사한 통계자료는 이것이 일부 사실임을 보여 준다. 대안교육을 하는 특성화학교 학부모들의 소득수준은 2009년 기준으로 월평균 400만 원 이상이 56.4%이고, 미인가 대안학교의 경우는 65.4%의 학부모가 400만 원 이상임을 보여 준다(이혜영 외, 2009). 이는 우리나라 2009년 가구당 월평균 소득인 3,299,000원에 비해 높다는 것을 알 수 있다. 앞의 표에서 보여 준 대로 미인가 대안학교 가운데서도 종교계학교는 학부모부담금이 상대적으로 높다는 사실을 감안하면 미인가기독교 대안학교 학부모들의 소득은 우리나라 가구의 평균 소득에 비해 상당부분 높을 것으로 추측된다.

이처럼 높은 등록금은 교육의 공공성 측면에서 볼 때 바람직하지 않다(박상진 외, 2014). 가난한 가정의 아동들은 기독교 교육을 받고 싶어도 그러한 교육적 기회에 접근할 수가 없다. 이는 헌법이 보장하는 교육기회의 평등성에 어긋나게 된다. 그런데 높은 등록금의 문제는 교육의 공공성 뿐 아니라 기독교학교의 기본 정신과도 충돌하게 된다. 기독교학교에는 은혜의 정신과 다양성의 가치가 중요하게 존재하고 교육되어야 한다(강영택, 2009; Heckman, 2007). 기독교 복음이 누구에게나 선물로 주어지는 것처럼 기독교 교육 역시 원하는 이들에게는 누구에게나 접근 가능해야 한다. 높은 등록금으로 인해 기독교 교육을 받기 원하는 아이들이 교육을 받지 못하는 것은 은혜를 가르쳐야 하는 기독교학교의 본질에 반하는 것이다. 고소득의 가정에만 기독교학교의 문을 개방하는 것은 결코 (기독교)교육적이지 않다. 더구나 이런 높은 등록금 정책 하에서는 기독교학교가 유사한 계층의 학생들로만 채워질 가능성이 크다. 이렇게 구성되는 동질적 공동체는 학생들의 신앙교육에 부정적인 영향을 주게 된다. 기독교학교가 다양성을 확보하는 공동체로 형성될 때 비로소 기독교학교는 학생들에게 환대와 배려의 정신을 가르칠 수 있는 교육의 장이 될 수 있기 때문이다(Palmer, 2014)

이런 면에서 볼 때, 기독교 대안학교의 운영에 필요한 경비를 학부모에게 절대적으로 의존하는 것은 결코 바람직하지 않다. 그리고 학교는 가정형편이 어려운 아동들도 받아들여줄 수 있는 방안을 마련해야 한다. 모든 아동들에게 일률적으로 높은 등록금을 요구하기 보다는 가정 형편에 따라 차등적으로 등록금을 받는 방식과 어려운 학생에 대한 장학금 지급 등은 기독교학교의 필수적인 재정정책이 되어야 할 것이다.

2. 낮은 교사 임금과 교사의 인권 문제

기독교 대안학교가 재정적인 면에서 학부모 부담률을 낮추지만 학교운영비를 충분히 확보하지 않으면 또 다른 심각한 문제가 발생하게 된다. 대개 미인가 기독교 대안학교는 총 세입액에서 학부모 외의 재원은 총세입액의 30%도 채 되지 않는다. 기독교 대안학교의 평균 재학생 수가 100명이 안되기 때문에 학교의 총세입 규모 자체가 작을 수밖에 없다. 더구나 교사 1인당 학생 수가 적은 것이 대안학교의 일반적인 특징이기 때문에 재정의 면에서 학교운영의 어려움은 가중될 수밖에 없다. 2011년 기준으로 교사 1

인당 학생 수가 일반 초등학교 17.3, 일반 중학교 17.3, 일반 고등학교 14.6 명인데 비해 기독교 대안학교는 평균 학생 수가 3.4명이다(기독교학교교육연 구소, 2013). 이러한 사실은 작은 세입 규모를 가진 기독교 대안학교가 상대 적으로 많은 수의 교사들에게 임금을 지급하면서 학교를 운영해야 됨을 말 해준다. 결국 교사들에게 지급되는 임금 수준이 낮아질 수밖에 없는 구조 이다.

기독교학교교육연구소(2013)의 조사에 따르면, 기독교 대안학교 초임 교사의 월급은 150만 원 이상 200백만 원 미만이 31.9%로 제일 많고, 100 만 원 이상 150만 원 미만이 25.4%로 다음을 차지했다. 100만 원 미만도 23.6%나 되었다. 이들의 평균 월급은 142만 원으로 추정된다. 이는 대안 교육을 하는 특성화학교 교사들의 평균임금과 비교하면 차이가 매우 크 게 나타난다. 특성화학교 교사들의 평균임금은 250만 원 이상에서 300만 원 미만과 300만 원 이상이 동일하게 30%씩이다. 즉, 60%의 교사들은 월 250만 원 이상을 받고 있는 셈이다. 150만 원 이상에서 200만 원 미만이 27.5%이다. 반면에 미인가 대안학교의 경우는 기독교 대안학교보다 열악 한 상황임을 알 수 있다. 100만 원 이상에서 150만 원 미만이 31.9%로 제일 많고, 80만 원 미만이 27.3%로 다음이고, 80만 원 이상에서 100만 원 미만 이 21.8%이다. 즉, 150만 원 미만을 받는 교사가 81%나 된다. 이를 평균하 면 미인가대안학교 교사의 평균 임금이 116만 원이 된다(이혜영 외, 2009).[4]

---

4   여기서 각 학교유형 교사의 임금 비교는 많은 한계를 지닌다. 기독교 대안학교의 경우는 초임 교사의 임금이고, 대안교육을 하는 특성화기독교학교와 미인가기독교 대안학교를 모두 포함 하고 있다. 반면 대안학교 그룹은 경력교사를 포함한 교사의 평균임금이며, 기독교 대안학교 통계년도보다 2년 앞선 2009년 기준이다. 이러한 한계에도 불구하고 대체적인 차이를 이해하

열악한 임금수준에도 불구하고 미인가대안학교 교사들은 대부분 현재의 학교 근무에 만족하고 있는 것으로 나타났다. 그럼에도 불구하고 근무하면서 느끼는 어려움이 있고, 그 어려움으로는 '효과적인 교육활동 수행의 어려움'(23.9%), '과중한 업무부담'(21.6%), '전문성향상 기회 및 지원 부족'(11.7%) 등이 있다고 답했다. 그러나 이들보다 더 큰 어려움은 낮은 임금으로 인한 '경제적 불안정'(34.2%)이라고 교사들이 답했다(이혜영 외, 2009). 미인가대안학교에 자녀를 보내는 학부모들의 65.4%가 월평균 400만 원 이상의 소득을 얻는데 비해 교사의 평균 임금이 116만 원이란 사실은 교사들에게 정서적 위축감을 줄 소지가 있다. 다시 말하면, 미인가기독교 대안학교가 포함될 것으로 보이는 미인가대안학교의 교사 임금은 객관적으로 봤을 때나 주관적인 측면에서도 매우 열악한 처지에 있음을 알 수 있다.

그러한 열악한 임금수준에도 불구하고 미인가대안학교 교사의 역량과 헌신에 대한 평가는 매우 높게 나타난다. 대부분의 학부모들은 "대안학교 교사가 일반학교 교사보다 학생에 대한 관심과 열정이 더 많다"(99.2%)고 생각하며 "일반학교 교사들보다 교직에 대한 헌신이 더 높다"(97.6%)고 보고 있다. 이러한 교육적 열정과 헌신에도 불구하고 "업무량에 비해 경제적, 사회적 보상이 부족하다"(96.3%)고 생각하며 교사들의 낮은 임금수준에 대해 염려를 표시하고 있다(이혜영 외, 2009).

위에 제시한 통계자료를 근거로 미인가대안학교 교사들은 낮은 임금에도 불구하고 헌신적으로 학생들을 교육하기 때문에 낮은 임금이 큰 문제

는 데는 유용하다고 할 수 있다.

가 되지 않는다고 주장해서는 안 된다. 교육정책이 특별히 헌신된 소수의 사람들을 고려해서 형성, 시행된다면 실패할 가능성이 크다. 그러므로 정책은 늘 평범한 사람들을 염두에 두고 형성되고 집행되어야 한다(Tyack & Cuban, 1999). 기독교 대안학교 교사들이 일반학교 교사들보다 더 헌신적일 수 있다. 그렇다고 그들의 헌신에 대한 적절한 보상이 주어지지 않는다면 그 헌신이 지속되리라는 보장이 없다. 임금과 같은 물질적 보상은 교사의 헌신을 불러일으키는 데는 한계가 분명히 있다. 그러나 노력한 일에 대한 적절한 보상의 부재는 교사들로 하여금 헌신과 사기를 떨어뜨리는 요인으로 작용할 수 있다.[5]

이혜영 외(2009)의 연구에서 미인가대안학교 교사가 낮은 임금에도 불구하고 학생지도에 대한 높은 관심과 열정, 헌신을 보이는 것을 대안학교 교사들이 사명감이 투철한 특별한 사람들이기 때문이라고만 해석할 수는 없다. 이혜영 외(2009)의 조사에 응답한 교사들의 교직경력은 3년 미만이 50.4%를 차지하고, 거의 대부분 교사들이 10년 미만의 경력을 가지고 있다. 더구나 현재 재직 중인 대안학교에 근무한 기간은 28.2%의 교사들이 1년 미만이고, 70%의 교사들이 3년 미만인 실정이다. 즉, 학생지도에 헌신적이라고 조사된 미인가대안학교의 교사들은 아직 근무 연수가 짧아 열정을 잃어버리고 소진(burnout)되기 전의 상태에 있음을 알 수 있다. 과연 근

---

5 Herzberg의 동기-위생이론(혹 two factors theory)에 따르면 물질적 보상(돈)은 동기요인(만족요인)이 아니라 위생요인(불만족요인)이다. 즉, 노력한 것에 비해 물질적 대가가 적을 경우 그것은 불만을 야기 시키는 요인이 된다. 물질적 보상을 충분히 준다면 불만은 사라지지만 그렇다고 동기가 올라가지는 않는다고 한다(진동섭 외, 2014). 그러므로 이 이론에 따르면, 교사들에게 돈이 동기 혹은 헌신을 일으키는 요소는 되지못하지만 부족한 임금지불은 교사들에게 불만요인으로 작용할 수는 있다는 것이다.

무연수가 길어져도 이들이 지속적으로 학생들에 대해 열정적이고 헌신적일지에 대해서는 확신할 수 없다. 기독교 대안학교의 교사들도 마찬가지라 추측된다.

성경은 일을 한 자에게 즉시 정당한 품삯을 주는 일의 중요성을 매우 강조한다(신 24:15; 렘 22:13). 예레미아 선지자는 "자기의 이웃을 고용하고 그의 품삯을 주지 아니하는 자에게 화 있을진저"(렘 22:13)라고 말한다. 교사를 채용하여 학생을 지도하는 일을 맡겼으면 그 일에 대한 정당한 대가를 지불하는 것이 마땅하다. 수고한 일에 합당한 보상을 주지 않는 일은 정의롭지 못하며, 그의 인권에 대한 무시이다. 특히 가정을 부양해야 하는 교사에게는 가정에서의 역할을 이행할 수 있도록 임금이 고려되어야 한다. 이런 측면에서 기독교 대안학교가 정당하지 못하면 기독교 교육의 주요 가치인 인권과 정의를 학생들에게 제대로 가르칠 수 없다. 그러면 어느 정도의 임금이 정당한 대가인가? 그것은 일률적으로 단정하기 어렵다. 다만 위의 통계가 보여 주듯이 기독교 대안학교 교사의 평균 초임(2011년 기준)이 142만 원이라는 사실은 특성화학교 교사의 임금 수준(2009년 기준으로 60%의 교사들이 250만 원 이상)에 비해서나 가구당 월 평균 소득(2009년 기준으로 330만 원)에 비교할 때 너무 낮은 수준임은 분명하다. 최소한 시간당 최저임금 이상의 급여가 지급되어야 하고, 나아가 생활에 필요한 금액이 지급될 필요가 있다. 직장으로서의 기독교학교는 자원봉사를 기반으로 하는 교회와는 다른 조직이라는 사실을 분명히 인식해야 한다. 그래서 기독교대안학교는 신앙을 볼모로 정당한 대가를 주지 않고 헌신을 강요하는 방식으로 운영되어서는 안 된다.

3. 공적 재정 지원에 대한 우려

기독교 대안학교가 학부모에게 많은 재정 부담을 지워서 입학을 제한하는 일은 기독교 교육의 정신에 부합하지 않다고 했다. 또한 교사들에게 임금을 지나치게 낮게 지급하여 경제적 불안감 속에서 힘들게 하는 것도 성경적이지 않다고 주장했다. 이 두 가지를 지키기 위해서는 학교가 자체적인 수익구조를 만들거나 학부모가 아닌 곳으로부터 재정 지원을 받는 도리밖에 없다. 재정 지원을 받는다고 할 때, 기독교 대안학교의 입장에서 먼저 고려할 수 있는 곳이 정부이다. 공교육의 학교들처럼 기독교 대안학교도 정부의 공적 재정 지원을 받는다면 앞에서 염려한 두 가지 문제들이 해결될 수 있을 것이다. 그러나 공적 재정 지원의 문제는 과연 정부가 종교계학교이면서 미인가로 있는 기독교 대안학교에 재정 지원을 할 가능성이 있는가 하는 것과 또한 공적 재정 지원이 주어진다 해도 그것이 야기할 위험성을 어떻게 할 것인가 하는 문제가 제기된다.

공적 재정 지원의 가능성 문제는 다른 발표에서 다루기에 여기서는 논외로 두고 공적 재정 지원에 대한 우려에 대해 논의하고자 한다. 대개 정부의 돈은 규제와 함께 움직인다. 즉, 정부의 재정 지원을 받게 되면 교육과정 편성이나 신입생 선발 같은 학교행정에서 정부가 요구하는 방식을 따라야 되는 의무를 지게 된다. 그러므로 학교의 고유한 교육이념을 유지하고 싶어 하는 대안학교나 기독교학교들은 정부의 재정 지원을 의도적으로 거부하는 경우가 종종 있다. 예를 들어, 미국의 대표적인 대안학교인 알바니 프리스쿨(Albany Free School)는 정부로부터의 재정 지원 일체를 거부하기로 결정했다. 정부로부터 받는 재정 지원이 학교가 추구하는 이념인 '학생 개인의 자율성을 전적으로 보장하는 일'을 방해할 것이라는 우려 때문이었다(Chris, 2002). 정부의 재정 지원을 받는 대신 다른 대책을 마련하여 학교운영비를 충당하고 있다. 자세한 내용은 뒤에 상술하도록 하겠다.

우리나라에서는 반대의 사례들이 많다. 정부의 재정 지원을 받으면서 동시에 부과되는 규제로 인해 학교가 추구해 왔던 가치를 유지하기 어려워하는 경우이다. 우리나라 대안학교의 원조라고 하는 D학교가 그러한 경험을 겪었다. 충남 홍성군에 위치한 기독교 대안학교인 D학교는 각종학교로 인가를 받아 고등학교 학력인정을 받아왔다. 하지만 재정 지원을 받지 않아 비교적 정부의 규제와 간섭 없이 학교의 운영을 자율적으로 해 왔다. 그러다가 학교의 전공부 설치로 재정적 어려움을 겪게 되어 2001년부터 재정결함보조금이라는 명목으로 교사 인건비를 교육청으로부터 받게 되었다. 그러면서 D학교는 재정지출, 교육과정, 학생선발, 학습평가 등의 영역에서 교육청의 간섭과 규제를 받게 되었다. 이 때문에 학교는 오랫동안 해오던 교육방식에 변화를 겪지 않을 수 없었다. 마을학교를 표방해 왔지만 마을 출신의 학생들을 많이 받을 수 없게 되고, 학생에 대한 다양한 평가의 방식도 제약을 받게 되었다.

이와 유사한 현상들이 광범위하게 일어나고 있음을 대안교육을 하는 특성화학교와 미인가대안학교를 비교한 연구에서 잘 나타난다(이혜영 외, 2009). 즉, 대개 재정 지원을 받는 특성화학교가 정부로부터 재정 지원을 받지 않는 미인가대안학교에 비해 학교의 교육이념을 구현하는 정도가 낮을 뿐 아니라 교육의 성과 면에서도 상대적으로 조금 떨어짐을 보여 준다.

이를 구체적으로 살펴보면 다음과 같다. "나는 학교의 설립이념과 목적에 대해 알고 있다."와 "나는 학교의 이념과 목적에 동의한다."라는 설문조사에서 미인가대안학교 교사들은 98.7%와 98.7%로 대부분 그렇다고 대답했고, 학부모들도 97.7%와 98.4%로 대부분 동의했다. 그러나 학생들은 80%와 85.4%로 교사와 학부모보다는 조금 낮은 수준에서 답을 했다. 반면 대안교육 특성화학교 교사들은 98.4%와 96.9%로 역시 다수의 교사들이 긍정적으로 대답했고, 학부모들은 93.8%와 96.8%로 역시 높은 수준이었고, 학생들은 77.6%와 76.8%로 비교적 낮은 수준의 답을 했다. 그런데 여기서 미인가대안학교의 구성원들이 특성화학교 구성원들에 비해 일관되게 학교의 이념과 목표에 대한 이해와 동의가 높게 나타남을 알 수 있다(이혜영 외, 2009: 88-89; 182-183).

대안학교의 교육목표 실현정도에서도 그 차이는 확인된다. 미인가대안학교와 특성화학교의 교사가 평가한 학교의 교육목표 실현정도는 '기본생활습관 형성'에서 3.01:2.86, '자율학습 능력계발'에서 3.00:2.66, '창의적 사고와 표현능력'에서 3.14:2.82, '민주적 태도와 가치관 형성'에서 3.19:2.97, '생태적 가치관과 태도 함양'에서 3.21:3.04로 나타났다. 학부모들이 평가한 바로는 '기본생활습관 형성'에서 3.19:3.03, '자율학습 능력계발'에서 3.16:2.81, '창의적 사고와 표현능력'에서 3.35:3.15, '민주적 태도와 가치관 형성'에서 3.38:3.15, '생태적 가치관과 태도 함양'에서 3.46:3.20으로 나타났다(이혜영 외, 2009: 245-249) 이 설문조사는 미인가대안학교가 특성화학교보다 교육목표의 실현정도에서 일관되게 높다는 사실을 보여 준다. 이러한 조사결과가 특성화학교는 미인가대안학교에 비해 이념의 이해

정도나 목표실현 정도에서 낮은 이유가 재정 지원과 함께 부과되는 정부의 규제와 간섭 때문이라고 단정 지을 수 있는 충분한 근거는 되지 못한다. 그럼에도 불구하고 이 조사결과를 볼 때 정부의 규제와 간섭이 학교의 고유한 이념과 목표를 약화시키는 요인이 되고 있음을 추정하게 한다.

　지금까지 한 논의를 요약하면 다음과 같다. 기독교 대안학교가 재정부족의 어려움을 겪고 있지만 그 해결방안을 학부모에게나 교사에게 덧씌우는 것은 더 큰 문제를 야기할 수 있다고 보았다. 지나치게 높은 등록금은 부유하지 못한 아동을 배제함으로 기독교학교의 은혜의 정신에 어긋나고, 지나치게 낮은 교사 임금은 교사의 인권을 침해하는 것이 되어 정의의 가치에 어긋나게 된다. 그러므로 재정 문제를 해결하기 위해서는 외부로부터의 지원이 필요한데, 종종 대두되는 방안이 공적 재정 지원이다. 그러나 연구자는 여기서 공적재정 지원이 가져올 수 있는 위험성에 대해 논의하였다. 물론 규제가 따르지 않는 재정 지원이 있을 수 있다[6]. 학교 운영의 자율성을 보장하는 공적 재정 지원을 얻기 위한 노력도 필요하다. 그리고 정부의 규제가 학생들(의 교육권)을 보호하기 위한 목적임을 감안한다면 모든 규제를 부정적으로 볼 필요는 없다. 그러나 우리나라의 교육사를 돌아볼 때 정부의 규제가 대개 학교의 자율성을 제한하여 학교의 개성을 억압한 사례가 많았음은 분명하다. 여기서는 미인가대안학교와 대안교육 특성화학교를 비교한 조사를 통해 정부의 규제가 학교의 독특성과 교육력의 저하를

---

[6]　미국의 voucher제도처럼 학교에 재정 지원을 하기 보다 특수한 필요를 가진 학생들에 대해 공적 재정 지원을 한다면 학교에 대한 규제는 최소화할 수 있을 것이다.

가져올 수 있음을 살펴보았다.

Ⅲ. (기독교) 대안학교의 재정 자립 사례 분석

대개 일반적인 학교의 재원은 세 가지로 나눠진다. 정부의 공적 재정 지원, 학생의 등록금 그리고 외부의 후원금 등이다. 그러나 대안학교나 기독교 대안학교는 정부의 공적 지원을 못 받거나 혹은 받기를 거부하는 경우가 많기 때문에 공적 재원 대신 다른 수입원을 개발해야 하는 어려움이 있다. 어떤 학교들은 교회의 지원을 중요한 재원으로 활용하고, 또 다른 일부의 학교들은 자체 수익사업을 운영하여 부족한 재정을 메꾸기도 한다. 우리나라 기독교 대안학교의 경우는 자체 수익사업을 만들기 보다는 개인이나 기관 후원자들을 발굴하여 확보하는 방안을 더 선호한다. 그리고 최근 들어 강조되는 한 방법이 학교가 지역사회와 밀접한 관계를 맺어 지역으로부터 필요한 자원을 공급받는 것이다.

여기서는 이 네 가지 방식들을 잘 활용하여 재정을 확보하고 있는 국내외 학교 사례들을 소개하고자 한다. 그런데 이 학교들은 대개 교회의 재정 지원, 자체수익사업, 후원자확보, 지역사회로부터의 지원 등을 함께 활용하는 경우가 많다. 그리고 이런 사례 학교들은 효과적인 재원의 확보에 관심을 기울일 뿐 아니라 등록금 정책에서 어려운 가정의 학생들을 배려하는 대책을 마련하고 있다. 가난한 학생들을 배려하는 등록금 정책과 효과적인 재원 확보가 함께 할 때 기독교학교의 재정정책은 건전하다고 할 것이다.

여기에 소개되는 국내외 사례들은 각기 독특한 상황 속에서 학교를 운영하고 있기에 섣불리 일반화하기는 어렵다. 그럼에도 불구하고 이 사례들은 재정적인 어려움에 처해있는 우리나라의 많은 기독교 대안학교들에게 재정 문제에 대한 새로운 방안을 찾는데 도움을 줄 것으로 기대된다.

1. 해외학교 사례

가. 미국의 그랜드래피즈 기독교학교(Grand Rapids Christian Schools)

미국의 미시간주에 있는 그랜드래피즈 기독교학교(GRCS)는 미국 개혁주의 교단 (Christian Reformed Church)에서 설립한 개혁주의 기독교학교 중 하나이다. 개혁주의 기독교학교는 2015년 기준으로 북미지역에 500여 개의 학교가 있으며 이들은 국제기독교학교(Christian School International, CSI)라는 연합 단체에 속해 있다. 미국 개혁주의 교회(CRC)는 기독교학교들을 설립하였지만 그 운영은 학부모들이 중심이 된 학교이사회에 맡기고 있는 실정이다.

그랜드래피즈 기독교학교는 그랜드래피즈라는 도시에 있는 초등학교 3개교, 중학교 1개교, 고등학교 1개교로 이루어져 있다. 그랜드래피즈 기독교학교는 학생들의 사회경제적 배경에 관계없이 누구나 우수한 기독교 교육을 받을 수 있도록 하기 위해 노력하고 있다. 학부모의 소득에 따른 이원화 등록금 정책에서부터 다양한 장학금 수여까지 어려운 가정의 학생들이 학교에 입학할 수 있도록 노력을 기울이고 있다. 먼저 등록금에 대해서는 이원화 등록금 정책을 운영하고 있다. 학부모들은 '요청하는 등록금 (requested tuition)'과 '필수적인 등록금(required tuition)' 가운데 한 가지를 선택하게 된다. 요청하는 등록금에는 필수적인 등록금에다 다른 학생들을 위한 재정 지원, 교육적 지원 프로그램과 기술에 대한 비용 등이 첨가된 금액이다. 요청하는 등록금을 내는 학부모들에게는 감사증이 수여되고 그 차액에 대해서는 세금공제를 할 수 있도록 해준다. 예를 들어, 중학교 등록금이 2016-2017 학년도의 경우 년간 요청하는 등록금이 10,310 달러이고, 필수적인 등록금은 7,945달러이다. 일부의 학부모들은 어려운 학생들을 위해 2,400달러를 더 내는 것이다(http://www.grcs.org/netcommunity/tuition). 그리고 등록금을 내는 방식에서도 일시불로 낼 수도 있지만 가정 형편에 따라 열한 번에 걸쳐 분납할 수도 있도록 허용된다.

이 외에 학교에서는 다양한 재단이나 기금 예를 들면, Eagles Fund, Capital Projects Fund, GRCS Foundation, New2You grants의 지원을 받아 가정 형편이 어려운 학생들에게 장학금을 지급하고 있다. 대개 학생들의 40% 이상이 장학금을 수여받고 있다고 한다. 그런데 여기서 주목할 것은 CRC교회들이 어려운 학생들에게 재정 지원을 하는 방식이다. 학교가 있는 Grand Rapids 시의 CRC 교회들은 대개 기독교 교육 기금을 마련해서 가지고 있다. 그 기금으로 교회 교인 자녀가 기독교학교에 가고자 할 때 필요에 따라 재정적인 도움을 준다. 먼저 가정 형편이 어려운 교인들이 자녀를 기독교학교에 보내고자 할 때 자신의 수입을 감안하여 자신이 부담할 액수를 기입하고 교회에 요청하는 금액을 적어 교회 기독교 교육위원회에 요청서를 낸다. 그러면 교회에서 그 요청서를 검토한 뒤 등록금의 일부를

지원하게 된다.[7]

1950년대에는 기독교학교 등록금의 1/3 정도를 교회가 부담할 정도로 교회의 재정 지원이 적극적이었다. 그러다가 교회의 재정이 어렵게 되고 기독교학교의 학생 구성도 다양화되면서 교회의 기독교학교에 대한 지원이 느슨하게 변하였다. 교회가 기독교학교에 대해 지원을 계속할 것인지에 대해 논란이 일자 개혁주의(CRC) 교단에서는 기독교학교와 교회의 관계에 대한 연구를 위해 '기독교학교 연구위원회'를 위촉하였다. 위원회에서 오랜 연구를 통해 총회에 보고서를 제출하였고, 2005년 교단 총회는 그 보고서를 채택함으로 교회는 기독교학교에 대해 영적, 재정적 지원을 더욱 강화할 것을 천명하였다(강영택, 2013).

나. 알바니 프리스쿨 (Albany Free School)

1969년 뉴욕주 알바니 시에 설립된 알바니 프리스쿨은 미국의 가장 오래된 도심지 대안학교이다. 알바니 프리스쿨은 기독교학교는 아니지만 재정행정의 면에서 우리에게 주는 시사점이 많아 살펴보고자 한다. 학생교육과 학교운영에서 학생들의 자율성과 권리를 중시하는 학교 철학을 설립부터 지금까지 강조하고 있다. 정부의 규제와 간섭을 피하기 위해 학교는 의도적으로 정부의 재정 지원을 받지 않기로 방침을 세웠다. 그러면서도 가

---

[7] 필자의 경우도 미국 유학시절 미시간의 한 개혁교회의 도움으로 두 자녀를 기독교학교에서 교육시킬 수 있었다. 당시 필자는 학생의 신분이었기에 전체 등록금의 20% 정도만 부담하였고, 대부분의 금액을 교회의 도움으로 지출할 수 있었다. 교회에 큰 사랑의 빚을 졌다.

난한 유색인종과 이민자들이 많은 도심지에 있는 학교로서 그들을 위해 등록금을 낮게 책정하고 있다. 그리고 부족한 재원을 보충하기 위해 자체 수익사업을 운영하면서 동시에 지역사회와 유기적 관계를 통해 지역의 많은 교육적 자원들을 활용하고 있다. 학교는 학교재정 문제가 학교의 철학과 관계한다는 사실을 분명히 인식하고 그 철학에 부합하는 재정정책을 실시하고자 노력하고 있다(Chris, 2002; 42)

먼저 등록금 정책을 보면, 어떤 누구도 경제적인 이유 때문에 학교에 입학하지 못하는 일이 없도록 등록금을 최대한 낮추었다. 거기에다 등록금 차등제를 실시하여 등록금을 낼 수 있는 능력에 따라 등록금을 달리 내도록 하여 가난한 가정의 아이들이라도 학교를 다닐 수 있도록 배려하였다. 2012년 기준으로 무상급식이나 감면급식 혜택을 받는 저소득층 학생 비율이 전체 학생의 80%나 되었다. 알바니 프리스쿨의 학부모들이 등록금으로 낸 금액은 월 평균 160달러였다(https://en.wikipedia.org/wiki/Albany_Free_School). 그리고 학교는 최대한 학부모들의 학비 부담을 줄이기 위해 최소한의 예산으로 학교를 운영한다. 2012년 기준으로 학교 일 년 예산이 150,000달러였다.

이처럼 적은 예산이지만 등록금으로는 학교 운영을 위한 비용을 충당할 수가 없다. 그래서 학교에서는 부족한 재원을 마련하기 위해 학교수익사업을 하고 있다. 한 때 학교가 있는 지역의 주거환경이 열악하게 되어 낡은 건물들 다수가 헐값에 나온 적이 있었다. 그 때 학교는 가용할 수 있는 자금을 이용하여 낡은 건물 10채를 싸게 구입하였다. 그리고 조금씩 학교 교사들이 함께 건물들을 리모델링하여 새로운 건물들이 학교 소유로 생기게 되었다. 이 건물들을 교사나 학생의 가정에 임대를 주거나 그 외 다양한 용도로 활용하여 학교는 부족한 재원을 마련하고 있다. 임대 사업 외에 학교는 다양한 펀드 레이징을 한다. 학생들이 해외 봉사활동을 갈 때는 그 비용을 마련하기 위해 학생들이 물건을 만들어 주민에게 팔기도 하고 학교 홈페이지에 기부 페이지를 마련해서 수시로 기부를 받기도 한다.

알바니 프리스쿨은 학교가 위치한 지역사회와 밀접한 관계를 유지하고 있다. 이러한 관계는 학생들에게 보다 실제적인 교육 서비스를 제공할 뿐 아니라 학교운영에 예산을 절약하게 하는 좋은 방도가 되기도 한다. 프리스쿨 학생들은 일주일에 몇 시간 정도씩 자신이 좋아하는 분야에서 지역의 전문가들로부터 도제수업 또는 조수수업을 무료로 받을 수 있다. 수의사, 법률가, 예술가, 작가, 댄서, 모델, 만화가, 박물관 큐레이터, 마술사, 보트 제작자, 사진작가, 파일럿, 말 조련사, 요리사 등 다양한 직종에서 지역사회의 어른들과 함께 그 활동을 하면서 배우는 것이다. 이 외에도 알바니 프리스쿨은 주위 마을에 있는 교육적 자원들을 활용하는데도 적극적이다. 학생들이 수업 시간에 만든 영화를 상영할 수 있도록 지역의 극장은 기꺼이 공간을 제공해 주기도 한다. 이처럼 학교가 지역사회로부터 공급받는 교육적 자원들은 학교의 운영비를 절감시켜주는 효과가 있다.

2. 국내학교 사례[8]

가. A기독학교

A기독학교는 A교회가 2008년도에 경기도에 설립한 기독교 대안학교이다. 초중고등학교 통합으로 운영되고 있으며 180명의 학생들이 이 학교에 재학하고 있어 비교적 규모가 큰 편에 속한다고 할 수 있다. 학생들의 등록금은 학교급에 따라 차이가 있지만 연 250만 원에서 500만 원 미만으로 기독교 대안학교 평균 등록금에 비해 낮은 편에 속한다. 등록금과 입학금 등 학부모가 내는 금액이 학교의 총세입 중에서 70%를 차지하고 있다. 나머지 중에서 10%는 학교의 설립과 운영주체가 되는 교회가 부담하고 있다. 그리고 학교 총세입 중 20%는 후원금으로 충당하고 있는데 후원금은 교회에서 시설비로 지원하는 금액, 주로 교회 교인들인 개인 후원자의 후원금, 후원 이사회의 후원금 등으로 구성된다. 주목할 점은 학교에 후원이사회를 조직하여 이사회 소속 이사들이 집안이 어려운 학생들을 맡아 그 학생의 등록금을 위해 장학금을 수여하는 제도를 갖고 있다는 점이다.

A기독학교의 재원구성은 다른 기독교 대안학교들과 큰 차이를 보이지는 않는다. 그러나 이 학교 재정정책의 특징은 장학금 제도에 있다. 학생들에 대한 장학금 지급을 위해 연 등록금 총액의 20% 정도를 사용하고 있다.

---

8 국내학교의 사례 가운데 A,B,C 기독교학교에 대한 자료는 학교 홈페이지와 본 연구를 포함하여 네 편의 연구가 발표되는 2016년 기독교학교교육연구소 학술대회를 위해 시행된 설문조사 결과에 의존하고 있다. 그리고 D학교의 경우는 전 교장과의 인터뷰를 통해 수집된 자료에 근거하고 있다.

그래서 총학생들의 35%나 되는 학생들이 장학금 수혜를 받고 있다고 한다. 장학금은 목회자나 선교사자녀, 저소득층 자녀, 다문화가정 자녀 등 비교적 어려운 환경의 자녀들에게 수여하고 있다.

A기독학교는 등록금의 수준이 비교적 합리적이며 더구나 등록금 중에서 많은 부분을 가정이 어려운 학생들에게 장학금으로 주고 있다. 그러면서도 교사의 임금이 기독교 대안학교 교사들의 평균 임금보다 높은 편에 속하여 비교적 건전한 재정 상태를 유지한다고 할 수 있다.

나. B학교

B학교는 2009년 전북에서 개교한 학교로, B학교를 설립한 주체는 비영리법인이다. 초중고 통합으로 운영되고 있으며 2016년 현재 65명의 학생이 재학 중에 있다. 교직원은 26명으로 학생 수에 비해 많은 편이다. B학교의 등록금은 연 360만 원으로 다른 기독교 대안학교들에 비해 낮은 편이라 할 수 있다. B학교의 총세입에서 학부모가 부담하는 비율은 70%로 다른 기독교 대안학교들과 비슷한 수준이다. 그런데 B학교는 설립한 주체가 교회가 아니라 비영리법인이기 때문에 고정적인 교회 지원금을 기대하기 어렵다. 이런 상황에서 B학교는 개인후원자들을 발굴하여 총세입의 30%나 되는 부분을 후원금으로 충당하고 있다. B학교가 후원금을 확보하는 방법은 학교의 설립주체가 되는 공동체의 대표되는 목사님이 시무했던 교회와 공동체에서 제자훈련을 받았던 성도들이 개인 후원자가 되어 후원을 하는 것이다. 그리고 B학교가 정식으로 개교되기 전에 계절학교가 운영되었는데

그 계절학교의 졸업생들도 개인 후원자로 참여하여 학교에 후원금을 내고 있다. 학생들에 대한 장학금 제도가 잘 갖추어져 있다. 목회자 자녀, 선교사 자녀, 저소득층 자녀, 다문화가정 자녀 등에게 장학금이 수여되는데 전교생 대비 40%나 되는 많은 학생들이 장학금 혜택을 받고 있다. 이는 장학금 총액이 연 등록금 대비 33%나 되는 금액이다.

B학교의 재정은 비교적 건전하게 운영되고 있다. 다른 대안학교들에 비해 낮게 책정된 등록금과 적극적인 후원금 확보 방안과 폭넓게 지급되는 장학금 제도는 다른 기독교 대안학교들이 참조할 만하다. 그러나 교사의 임금 수준이 기독교 대안학교 교사들의 평균 수준으로 낮은 상태인 점은 개선될 필요가 있다고 할 것이다.

다. C학교

강원도 태백시에 위치한 C학교는 2010년 예수원에서 시작한 기독교 대안학교이다. 2016년 기준으로 학생 수가 21명이고 교직원 수는 10명으로 작은 규모의 학교이다. 학생의 등록금이 연 100만 원에서 250만 원 사이에 있어 다른 대안학교에 비해 낮은 편이라고 할 수 있다. 낮은 등록금 정책으로 학교의 총세입에서 학부모가 부담하는 비율이 29% 밖에 되지 않는다. 학부모가 부담하는 금액보다 더 큰 재정을 외부에 의탁하고 있다. C학교가 주요 재원으로 삼는 방법은 외부 후원금으로 총세입의 63%를 차지한다. 후원금은 대부분 학교 개교 초창기에 홍보를 통해 연결된 개인 후원자들이 지급하는 것과 학교의 설립주체인 예수원을 통해 알게 된 사람들이 하는

후원금이 합쳐진 것이다. 그리고 등록금과 후원금 외에 총세입의 8%는 학
교에서 방학 때 개최하는 캠프에 참석하는 사람들의 회비와 그에 대한 예
금이자가 있고 또한 예수원과 예수원 목장에서 지원하는 금액이 일부 포함
되어 있다.

이처럼 C학교는 적은 등록금으로도 운영이 가능한 것은 높은 후원금 때
문이다. 학교는 적극적으로 학교에 대해 홍보를 하고 후원금을 체계적으로
관리하여 일정 수준의 후원금을 지속적으로 받고 있다. 그러나 학교의 규
모도 작고 총 세입이 크지 않기 때문에 교사들에 대한 임금이 낮은 것은 학
교가 해결해야 할 중요한 과제라 할 수 있다.

라. D학교

(기독교) 대안학교의 원조라 할 수 있는 D학교는 1958년 충남에서 개교하
였다. 중학부로 시작해서 고등부가 생긴 후 고등부가 존속하다가 2001년부
터 고등학교를 졸업한 학생들이 공부하는 전공부가 생겨났다. 2016년 기준
으로 83명의 학생들이 재학 중에 있고, 22명의 시간강사를 포함하여 40명
의 교직원이 있다. D학교는 정부의 재정 지원이 없이 오랫동안 운영되다가
2001년부터 고등부는 교육청으로부터 재정결함 보조금을 받게 되었다. 현
재 연 등록금은 160만 원으로 일반 고등학교와 동일한 수준이다. 학교 총
세입 중 학부모 부담금이 24% 밖에 안 되며 이는 국가의 지원금이 총 세입
의 73%나 되기 때문이다. 나머지는 재단 전입금이 1% 정도 되고, 농산물
실습 수입 등 등 기타 수입이 2%가 조금 넘는다. 장학금 제도가 활발하여

전체 학생의 85%나 되는 많은 학생들이 장학금 혜택을 받고 있다.

  D학교 고등부에 비해 전공부는 정부의 재정 지원이 없기 때문에 재정
상태가 더 어렵다. 전공부의 세입은 학생들의 등록금, 후원자들의 후원회
비, 실습으로 하는 농사짓기에서 나오는 수익금, 임대수익 등으로 이루어
진다. 여기서 후원회비는 학교 재학생이나 학부모보다 D학교에 애정을 갖
고 학교를 후원하는 이들이 내는 돈이 주가 된다. 또한 D학교가 오래전부
터 소유하고 있던 한 건물에서 나오는 임대수익도 학교 재원 마련에 한 몫
을 담당하고 있다. 서울에 위치한 그 건물은 오래전에 학교의 철학에 적극
적으로 찬동한 한 후원자가 학교재단에 기증한 것이다. 임대수입이 월 4백
만 원 이상 나와서 한 때는 D학교의 가장 중요한 재원의 역할을 감당했고
최근에는 전공부의 운영비로 사용되고 있다.

  무엇보다 중요한 D학교의 재정자립의 방법은 학교운영비의 절약이다.
D학교는 학교가 위치한 지역사회와 매우 밀접한 관계를 맺고 있기 때문에
지역의 교육적 인프라와 자원들을 활용하므로 학교운영비를 최소화할 수
있다. 지역사회 역시 학교교육에 필요한 물적, 인적 자원들을 적극적으로
제공한다. 이러한 자원의 활용은 학교교육을 더욱 풍부하게 할 뿐 아니라
학교예산을 절감하는데 중요하게 기여하고 있다. 전공부의 경우 유기농업
을 전공으로 하고 있어 농지가 필수적이다. 지역 주민들 가운데 농사짓기
가 어려운 분들은 학교에 토지를 위탁해 준다. 학교에서 수업을 하는 교사
가운데는 마을의 주민들도 있어 인건비를 절약하게 된다. 또한 D학교 학
생들이 동아리를 만들어 목공이나 도자기공예, 혹은 한지공예 등을 배우고
싶으면 마을에 사는 분들을 찾아가 삶의 현장 한 가운데서 그러한 기술을

배우기도 한다. 지역의 신용협동조합인 풀무신협은 학생들이 지역사회의
역사, 문화, 인물들을 탐방하도록 지역탐방 프로그램을 지원한다. 지역의
학생들은 이 프로그램을 통해 무상으로 자기 지역의 역사를 알게 되며 지
역에 대한 자긍심을 갖게 된다. 마을도서관인 밝맑도서관은 D학교 학생들
에게 중요한 교육의 장이 되고 있다. 학생들은 밝맑도서관의 책을 이용할
뿐 아니라 매주 수요일에는 지역 아카이브 수업을 도서관에서 진행하고 있
다. D학교는 이처럼 지역사회에 있는 교육 인프라와 인적 물적 교육자원들
을 발굴하여 교육에 활용하기 때문에 학교재정을 그만큼 절약할 수 있다.

IV. 기독교 대안학교의 재정 자립 방안

1. 교회의 재정 지원 확보 방안

교회가 설립하여 운영하고 있는 기독교 대안학교들은 대개 교회가 학교
를 위해 시설과 제세공과금을 제공하는 경우가 많다. 일부의 학교에서는
교회가 학교 총세입의 10% 정도의 재정을 지원하기도 한다. 그러나 교회가
학교에 대해 하는 재정 지원 방안 가운데 모범적인 사례로 보이는 경우는
미국의 그랜드래피즈 기독교학교이다. 기독교학교를 후원하는 그랜드래피
즈의 개혁교단 교회들은 기독교 교육기금을 보유하고 있어 이를 활용하여
효과적으로 기독교학교를 돕고 있다. 이들 교회가 기독교 교육기금을 마련
하게 된 것은 기독교학교를 통한 기독교 교육이 하나님과의 언약에서 자녀

교육에 대한 책임을 다하는 일인 동시에 하나님나라 확장을 위한 핵심적인 과제임을 알기 때문이다. 이들 교회에서는 자녀에 대한 올바른 신앙교육이 교회의 다른 어떤 사역보다 중요하다는 인식을 갖고 있다. 또한 언약자녀에 대한 교육은 교회교육만으로는 부족하여 세상에 대한 지식을 기독교적으로 이해하고 실천하게 하는 기독교학교가 필요하다는 인식을 공유하고 있다.

그런데 우리나라에서는 이런 종류의 기금을 갖고 있는 교회가 많지 않다. 교회당 건축을 위한 적립금, 선교 적립금 등은 종종 있지만 기독교 교육적립금은 찾기가 힘들다. 이는 아직 미래세대에 대한 신앙교육의 중요성과 신앙교육을 위한 기독교학교의 필요성에 대해 교회지도자들 사이에 공감대가 충분하지 못하기 때문이다. 그러므로 먼저 교회 지도자들에게 기독교학교교육이 교회의 미래를 대비하는 일이며, 우리사회에 하나님나라를 선포하는 가장 효과적인 방법임을 분명히 인식시킬 필요가 있다.

이러한 인식이 교회 지도자들 가운데 자리 잡으면 다음으로 이를 전교인들에게 확산시키면서 교회 예산에 기독교 교육기금을 반영해야 한다. 즉, 교인들이 기독교학교에서 기독교 교육을 받는 것을 도울 수 있도록 재정을 확보하는 것이다. 이것은 매년 예산에서 일정비율의 금액을 떼어서 별도로 적립할 수도 있다. 이 기금으로 교회가 기독교학교교육을 위해 사용하는 방법은 다양할 수 있다. 교회가 직접 설립하여 운영하는 기독교학교나 혹은 교단 내의 같은 정신을 가진 기독교학교에 일정금액의 재정을 지원할 수도 있다. 대개 우리나라의 기독교 대안학교나 교회가 사용하는 방식이다. 이 방식은 기독교학교를 돕는 편리한 방법이지만, 이 돈이 어떤 용도로 어떻게 사용되는지를 모르기 때문에 교회의 입장에서는 지속적으로 많은 재정을 제공하는데 부담을 느낄 수도 있다.

그런 면에서 그랜드래피즈 개혁교회가 기독교학교에 지원하는 방식은 좋은 사례가 될 수 있다. 교회는 돈을 직접 학교에 지급하는 대신 기독교학교에 다니고 싶어 하는 학생들을 지원하는 방법을 사용한다. 물론 교회와 관련된 기독교학교에 가는 조건에서만 지원금이 주어진다. 기독교학교에서 기독교 교육을 받고자 하지만 가정형편이 어려워 힘들어하는 교인들에게 지원금을 수여하는 방식은 교회가 어려운 교인들을 돌아보는 일인 동시에 기독교학교에 학생을 보냄으로서 기독교학교의 존속과 발전에 기여하는 방법이기도 하다. 이런 방식을 사용하는 것이 교회에서도 기독교 교육기금을 마련하는데 유리할 수 있다. 교인에게 장학금으로 전달하는 일은 어려운 성도에 대한 구제이면서 교회의 미래를 준비하는 일이기도 하기 때문이다.

우리나라에서도 이와 같은 방법을 사용할 수 있다. 기독교학교에 자녀를 보내기 원하는 교인이 자신의 재정 형편을 고려하여 부족한 금액을 교회에 청구하면 위원회에서 이를 심사한 뒤 적정한 금액을 지불하면 된다. 이럴 경우 교회는 1년 동안 학교에 대한 지원금을 정해놓고 그 금액을 교인들에게 공지해야 한다. 그래서 교인들이 지원금을 요청할 때 교회의 재정 형편을 고려하도록 할 필요가 있다.

교회가 기독교학교를 위해 지원금을 지출하는 또 다른 방식은 특정 목적을 위해 금액을 지원하는 것이다. 예를 들면, 학교의 책걸상이 낡아 교체해야 할 때 이 일의 필요성을 교회에 잘 설명을 하고 지원을 받는 것이다. 혹은 학교에 꼭 필요한 교원이 있을 때 그를 초빙하여 학교에 재직하는 데 드는 비용을 교회에서 지속적으로 대는 방식도 있을 수 있다. 이는 일부의 신학대학에서 사용하는 석좌교수제와 유사한 것이다. 이처럼 구체적인 항목을 정해서 후원을 하고 재정 지출 후에는 그것이 어떤 결과를 얻게 되었는지가 보고될 필요가 있다.

2. 자체 수익사업 활성화 방안

우리나라의 기독교 대안학교 가운데 학교 자체 수익사업을 통해 학교의 재정에 도움을 얻는 경우는 몇 학교를 제외하고는 거의 없다고 할 수 있다. 여기서 예외가 되는 대표적 학교가 D학교이다. D학교는 재단이 소유하고 있는 건물에서 받는 임대료가 오랫동안 학교재정에 도움이 되어왔다. 그리고 학생들이 농업 실습 시간에 짓는 농사일로 산출한 농산물이 비록 작은 금액이지만 학교의 세입액에 기여했다. 그러나 이와 같은 학교 자체 수입은 전체 세입 대비 비율이 점차 줄어서 현재 2%가 채 되지 않는 실정이다. 다른 예외의 경우는 'E기독교학교'이다. E기독교학교의 설립 주체인 E선교회가 운영하고 있는 성품 교육컨텐츠 개발과 연수 또는 캠프를 통해 발생하는 수익은 학교의 활동과 밀접한 관계가 있다. 그 수익은 전적으로 학교에 귀속되는데 그 금액이 2015년의 경우 학교 총 세입의 20%를 차지했다. 이 두 학교와는 조금 다른 예가 경남 산청군에 있는 기독교 대안학교인 F학교이다. F학교는 F공동체 식구들과 함께 베이커리를 운영하고 친환경 유정란 생산과 판매를 하여 수익을 얻고 있다. F공동체에는 정부의 지원으로 마을기업인 베이커리가 설치되어 있다. 그곳에서 학생들이 제빵 실습으로 만든 빵을 교내외로 판매한다. F학교는 이와 함께 친환경의 방식으로 돼지와 닭을 사육하여 산출하는 유정란을 외부로 판매하기도 한다. 이러한 활동으로 얻는 수익은 학교재정에 보태진다. 이러한 수익사업은 비록 학교가 공동체와 함께 하는 것이지만 학교가 할 수 있는 수익사업의 좋은 예가 될 수 있다.

자체 수익사업으로 학교재정을 확보하는 예는 우리나라에서 보다는 외국에서 더 적극적인 사례들을 찾을 수 있다. 대표적인 예가 앞에서 소개한 알바니 프리스쿨이다. 알바니 프리스쿨은 매우 낮은 등록금을 학생들에게 받고 있다. 그래서 학교운영을 위해 필요한 금액의 부족분을 확보하기 위해 학교자체 수익구조를 만들었다. 그것은 학교 인근의 낡은 주택들을 헐값에 구입한 뒤 교사들이 리모델링에 참여하여 건물들을 새롭게 만들어 임대를 주는 형식이었다. 10채 가량의 건물에서 나오는 월 임대료는 작은 규모의 학교 재정에 큰 도움이 되고 있다. 이 건물들은 교사, 학부모, 프리스쿨 공동체 식구 등 학교와 직 간접으로 관계있는 사람들이 유용하게 사용하고 있다.

학교가 할 수 있는 자체 수익사업은 제한적일 수밖에 없다. 아무리 재정이 필요하다고 해서 교육활동과 전혀 동떨어진 사업을 하는 것은 바람직하지 않다. 위의 예로부터 학교 수입사업의 두 가지의 방법을 찾을 수 있다. 첫째는 학교활동 중에 이루어지는 실습으로 만들어지는 생산품을 활용하는 것이다. D학교에서는 농사실습을 해서 농산물을 얻어서 이를 활용한다. 또한 민들레학교에서는 제빵 실습으로 만들어진 빵과 축산실습으로 생산한 유정란을 판매하여 수익을 올리기도 한다. 또 다른 학교에서는 요리 실습을 통해 만들어진 음식을 학생들에게 판매하여 학교 재정에 도움을 주기도 한다. 이러한 일들이 좀 더 발전하면 학교 내에 공식적 가게를 만들어 학생들과 교직원은 물론이고 마을 주민들에게 판매를 하여 수익을 얻을 수도 있다. 그리고 첫째 방안과 관련해서 E학교나 C학교는 학교 수익 사업을 위한 좋은 하나의 가능성을 보여 준다. 그것은 그 학교가 가지고 있는 특성을 잘 활용하여 다른 학교에 확산시킬 수도 있고 그 결과 수익을 창출할 수도 있다. 즉, 학교가 가지고 있는 장점을 기반으로 교육적 컨텐츠를 만들어서 다른 학교에 판매할 수도 있고, 이를 활용하여 연수, 워크숍, 캠프의 형태로 교사들과 학생들을 훈련하고 그 결과로 수익을 얻을 수도 있다. E학교는 성품교육을 가지고 교사 연수를 진행하고, C학교는 통일교육으로 학생 캠프를 진행하여 교육적 목표도 달성하고 재정적 수익도 얻는 성과를 가졌다.

둘째는 건물의 임대수입이다. 학교 혹 학교재단이 건물을 소유할 만큼 재정적으로 넉넉한 경우는 별로 없다. 그러나 알바니 프리스쿨의 예는 우리에게도 좋은 시사점을 제공해 준다. 알바니 프리스쿨은 마을의 허물어가는 낡은 주택을 구매하여 교사들이 직접 손을 봐서 쓸모 있는 건물로 재탄생시켰다. 이러한 작업은 학교에 작은 수익을 가져다 주었을 뿐 아니라 집을 필요로 하는 사람들에게 주택을 싼 값에 공급하고 마을의 슬럼화를 막는 매우 건설적인 일이었다. 우리나라 기독교 대안학교들은 학교건물이 영세한 경우가 많지만 일부의 학교들은 농산촌 지역에 매우 훌륭한 건물들을 갖고 있는 경우도 있다. 이 경우에 학교 건물을 조금만 손본다면 방학 중 다른 교회나 단체가 수련회나 캠프 장소로 활용할 수 있을 것이다. 방학 동안 비어 있었던 학교건물을 유용하게 사용할 뿐 아니라 경제적인 수익도 올릴 수 있게 된다. 도시에 있는 학교의 경우는 교회 건물을 이용하는 경우가 많다. 그런데 교회건물은 주로 주일날 활용도가 높고 주중에는 비어있는 경우가 많아 빈 공간을 지역사회의 기관 사무실로 임대 혹은 무상 대여할 수 있을 것이다. 교회나 학교 건물을 꼭 자신들만 사용해야 한다는 생각을 버리고 지역사회에 개방한다면 여러 가지의 효과를 얻을 것이다. 이런 내용은 다음 장에서 서술한 지역사회의 지원방안에서 좀 더 논의가 이루어질 것이다.

3. 후원금 확보 방안

우리나라의 기독교 대안학교들은 수익사업에 신경을 쓰는 대신 후원금을 확보하는 일에 더욱 관심이 많은 듯하다. C학교 외 여러 학교들은 학교 전체 세입의 20% 이상을 후원금으로 충당하고 있다. 특히 C학교의 경우는 특이하게도 학교 전체 세입의 63%나 되는 금액을 후원금으로 확보하고 있다. 학교의 설립 주체가 되는 예수원이 널리 알려진 기관이라 예수원에 관심과 애정을 갖는 사람들이 학교를 후원하기 때문이다. 그러나 학교에서도 후원자를 확보하고 후원자들로부터 지속적인 후원을 받기 위해 노력을 하고 있다. 특히 학교 설립 시에 학교에 대한 홍보를 적극적으로 하여 연결된 사람들이 많아 그들이 내는 후원금이 학교 재정의 큰 부분을 감당하고 있다.

B학교도 후원금이 학교재정의 중요한 부분을 차지하는 학교이다. B학교에서 후원금은 전체 세입의 30%를 차지하고 있다. 대부분 후원금은 학교의 설립주체가 되는 공동체 둥지와 설립자인 목사님이 시무했던 교회에서 제자훈련을 받은 이들이 후원자가 되어 내는 돈이다. A기독교학교도 학교재정에서 후원금이 매우 중요한 부분을 차지한다. 후원금이 전체 세입 중 차지하는 비율이 20%이지만 학교의 규모가 커서 후원금은 연 1억원을 훨씬 넘는 금액이다. 학교 설립 교회의 교인들이 후원자가 되고, 또한 후원이사회를 구성하여 이 이사들이 어려운 학생들을 맡아 후원하는 형태를 취하고 있다.

위에 언급한 세 학교의 사례들로부터 후원금을 확보하는 효과적인 방안과 주의할 사항을 찾아보면 다음과 같다. 먼저, 후원자를 확보하기 위해서는 기독교학교에 대한 분명한 비전과 목표의식을 공유하도록 설득할 수 있어야 한다. 예수원을 좋아한다는 이유만으로 예수원이 설립한 학교를 후원하지는 않는다. 수년 동안 학교를 후원하기 위해서는 학교(교육)의 비전에 대한 공감이 있어야 한다. B학교 역시 마찬가지이다. 교회 혹은 공동체에서 제자훈련을 받으면서 기독교학교의 필요성을 절감한 사람들이 후원을 하는 것이다. 그러므로 후원자를 확보하기 위해서는 기독교학교가 얼마나 필요한지, 기독교학교를 통해 이룰 미래의 꿈이 무엇인지에 대해 선명하게 제시할 수 있어야 한다. 하나님 안에서 갖는 꿈과 비전의 공유 없이는 지속적인 후원 확보가 어렵다.

그리고 후원자를 확보하여 후원을 받을 때 주의할 점은 후원이 단순히 재정적인 면만으로 끝나지 않도록 해야 한다는 점이다. 후원자가 학교에 후원을 할 경우에는 학교의 상황과 학생들의 모습을 후원자들에게 정기적으로 보고를 해서 후원자에게 후원의 결과가 어떻게 되고 있는지 알게 할 필요가 있다. 그리고 후원자가 학생 개인을 후원할 경우에는 후원자와 후원받는 학생의 만남을 주선하여 상호간에 인간적 관계를 갖게 하는 것이 필요하다. 그래서 학생이 후원자로부터 경제적인 도움을 넘어 삶의 태도를 배우게 해야 한다. 후원자 역시 이러한 관계를 통해 자신이 하는 일의 가치를 확인할 수 있게 해야 한다.

4. 지역사회의 지원 확보 방안

위에서 제시한 세 가지 재정 확보 방안들은 우리에게 익숙한 것들이다. 반면 여기서 설명하고자 하는 지역사회의 지원은 아직 우리나라 기독교 대안학교들이 적극적으로 관심을 갖는 영역이 아니다. 반면 서구사회에서는 오래전부터 학교와 지역사회의 연계와 협력을 중요하게 인식하고 있다. 특히 1970년대에 관련 법령이 통과되고 1990년대 이후 본격적으로 미국 전역으로 확산된 커뮤니티 스쿨(community school)[9]은 학생들의 교육을 위해 지역의 다양한 기관들과 연대하여 학생들을 지원하는 형태를 띠는 학교이다. 커뮤니티 스쿨은 공립학교이지만 정부의 공적 재정 지원 외에 민간 재단, 지역사회의 물품지원이나 자원봉사 같은 유사 지원, 지역사회의 각종

9　현재 미국에 5,000개의 커뮤니티 스쿨들이 있다고 한다. 커뮤니티 스쿨연합은 커뮤니티 스쿨을 "학교와 학생의 가정과 지역사회를 연결하는 협력관계이자 장소"로 정의하고, "학업, 청소년 개발, 가족 지원, 건강 및 사회적 서비스, 지역사회 개발" 등에 초점을 두는 학교라 한다 (The Popular Center for Democracy et. al., 2016)

조직, 지역의 기업 등 다양한 사적 재정 지원이 학교 예산의 25% 정도를 차
지하고 있다(Blank, et al., 2010). 시카고의 커뮤니티 스쿨 중 하나인 Little
Village Lawndale 고등학교는 학교 재정의 63%를 정부가 아닌 지역의 민
간 재단과 기업으로부터 후원을 받아 운영하고 있다. 이런 현상들은 '한 아
이를 키우는데 한 마을이 필요하다.'라는 아프리카의 오랜 속담이 현대적으
로 해석되어 교육에서 마을공동체의 중요성이 복원되고 있는 셈이다.

　이러한 추세는 우리나라도 예외가 아니어서 최근 학교와 지역사회의 관
계를 중요하게 여기는 정책들이 중앙정부 차원과 시도교육청 차원에서 실
시되고 있다. 교육부가 주관하는 교육기부사업[10]이나 여러 시도교육청의 혁
신학교와 혁신교육지구[11] 정책과 경기도교육청의 마을교육공동체[12] 정책이
대표적인 예들이다. 이들 정책들이 강조하는 바가 조금씩 다르지만 이들이

---

10 교육기부사업은 교육부가 주관하고 과학창의재단이 운영하는 사업이다. 초중등학생들에게
다양한 교육적 기회를 주기 위해 지역사회의 공공기관이나 기업들을 권면하여 교육프로그램
을 운영하게 하는 사업이다. 이를 효과적으로 시행하기 위해 전국에 교육기부 지역센터와 교
육기부 컨설팅단을 여러 대학에 설치하여 운영하고 있다.

11 혁신교육지구정책은 경기도교육청에서 시작하여 서울시와 전국적으로 확대되고 있는 정책이
다. 이는 혁신학교가 그동안 이룬 교육적 성과를 지역사회로 확산하자는 취지를 갖는다. 혁신
교육지구정책은 학생들 교육을 위해 꼭 필요하지만 학교만으로는 할 수 없는 일을 마을과 학
교, 지자체와 교육청이 함께 협력하여 해결하고자 하는 것이다.

12 마을교육공동체는 경기도 교육청에서 2015년 이후 본격적으로 시행하고 있는 교육정책이다.
마을교육공동체의 목표는 그 지역의 "학생들에게 그 지역에 대한 다양한 내용을 실천적 방법
으로 배우게 하여 그들의 학습역량과 정의적 발달을 도모하여 그 결과가 다시 지역사회로 환
원되는 선순환적 구조의 지역공동체를 형성하는 것"이다(서용선 외, 2016: 65). 경기도 교육
청은 마을교육공동체가 '꿈의 학교', '교육자원봉사센터', '학부모지원센터', '교육협동조합'의
설립으로 형성된다고 보고 이 사업들을 추진하고 있다. 꿈의 학교는 학생들이 학교에서 경험
할 수 없는 다양한 경험들을 기획하며 미래 꿈을 준비하는 학교 밖의 학습동아리이다. 교육자
원봉사센터는 퇴직 교원 등 지역 주민과 학부모들이 주축이 되어 교육활동을 지원하는 단체
이고, 학부모지원센터는 학부모의 학교 참여를 활성화하기 위해 모인 단체이다. 교육협동조
합은 뜻을 같이 하는 사람들이 모여 학교 매점이나 스쿨버스 사업 등을 하는 것이다(http://
village.goe.go.kr).

전제하는 공통점은 교육을 학교의 일로만 보지 않고 마을 전체의 일로 본다는 점이다. 그래서 학교와 지역사회의 협력관계가 유기적으로 잘 형성될수록 교육이 효과적으로 일어난다고 보고 있다. 앞에서 예시한 D학교나 알바니 프리스쿨에서 보여 주는 학교와 지역사회의 협력관계는 기독교 대안학교가 지역사회로부터 지원을 효과적으로 확보하는 방안을 찾는데 좋은 시사점을 제공해준다. 이와 관련하여 세 가지의 시사점을 제시하면 다음과 같다.

첫째, 기독교 대안학교는 지역사회의 인적 자원을 활용함으로 인건비를 절약할 수 있다. 기독교 대안학교의 운영비 가운데 가장 비중이 큰 부분이 교원 인건비이다. 그래서 많은 대안학교들이 정규 교사 대신 강사들을 많이 활용하고 있다. 그러나 많은 수의 강사를 사용하기 때문에 그 비용도 적지 않다. 알바니 프리스쿨에서는 지역 주민들이 학생들의 직업교육을 맡아 도제식으로 학생들을 무료로 가르친다. 우리나라에서도 학교와 관계있는 교회를 포함한 지역사회에서 교육기부자를 모집하면 필요한 강사 상당수를 충당할 수 있을 것이다. 오늘날은 학생들을 가르칠 수 있는 인적 자원들이 교회와 지역의 각종 기관들에 풍부하게 존재한다. 더구나 최근에는 교육기부 혹은 재능기부의 분위기가 사회 전반적으로 확대되고 있어 학교에서 문을 열고 도움을 청하면 많은 지원을 받을 수 있을 것이다. 특히 방과후 수업이나 동아리 활동, 진로교육, 상담활동 등은 지역에 있는 전문기관의 도움을 받을 수 있을 것이다.

둘째, 기독교 대안학교는 지역사회에 있는 자연환경이나 교육적 인프라 그리고 물적 자원을 적극적으로 활용할 필요가 있다. D학교의 경우 마을도서관이 D학교 학생들의 훌륭한 교육의 장이 되고 있다. 학교가 마을도서관을 적극적으로 활용한다면 굳이 학교에 많은 장서를 구입하기 위해 비용을 지출할 필요가 없을 것이다. 또한 D학교 학생들은 지역 신협의 지원으로 무료로 지역의 역사 문화유적 탐방을 한다. 지역에 있는 농업체험교육관에서 1박을 하며 농업에 대한 이해와 공동체 훈련을 하기도 한다. 일본의 커뮤니티 스쿨 학생들도 이와 같이 지역사회의 다양한 시설과 기관들을 활용하여 교육을 받는다. 기독교 대안학교도 지역에 있는 지역도서관, 청소년체육센터, 지역공원, 지역의 교회건물 등의 시설들을 활용할 뿐 아니라 인근에 있는 공공기관이나 기업들에 진로교육이나 체험학습 등을 요청할 수 있다.

셋째, 기독교 대안학교가 지역사회와 지속적으로 좋은 관계를 갖기 위해서는 지역으로부터 도움을 받을 뿐 아니라 지역에 도움을 주는 호혜적인 관계를 형성해야 한다. 기독교 대안학교가 지역사회로부터 지원을 받을 것도 많지만 반대로 지역사회를 위해 봉사할 것도 많다. 그리고 지역을 위해 봉사하는 과정이 학생들에게는 중요한 교육활동이 될 수 있다. D학교는 농업학교로서의 전문성을 살려 지역사회에 유기농법을 가르쳐주었고, 지역의 장애아들이 교육을 받고 취업 준비를 할 수 있는 공간을 제공하기도 했다. 생활협동조합을 만들어 주민들에게 싼 가격에 좋은 제품을 공급하기도 한다. 기독교 대안학교도 지역사회를 위해 할 수 있는 일들이 많이 있다. 학교식당을 운영하면서 지역 농산물을 사용하고 지역주민들을 고용하는 것이 하나의 방법이다. 그리고 정기적으로 학생들이 마을로 나가서 청소를 하고 지역의 노인들을 위한 봉사활동을 할 수도 있다. 학생들이 준비한 공연을 할 때에는 지역주민들을 초청하여 음식을 나누며 공연을 관람할 기회를 제공하는 것도 좋다. 이러한 활동들은 학교와 지역사회 사이에 도움을 주고받는 효용적 관계를 맺게 하는 수준을 넘어 상호간에 친밀한 공동체의식을 갖게 하여 상호의존적 유기적 관계를 형성하게 한다.

V. 나가는 말

오늘날 학교교육에서 재정의 중요성은 점차 더 강조되고 있다. 소요 교육비의 규모와 교육의 성과는 비례적 관계에 있다는 것이 많은 교육학자들이 가지고 있는 전제이다. 또한 심하게는 학교교육이 돈에 종속되는 현상이 종종 나타나기도 한다. 그러나 기독교 대안학교는 돈을 숭배하는 맘몬주의를 경계하다가 돈의 위상을 애써 평가절하 하려는 경향을 갖기도 한다. 그러다가 돈의 중요성을 너무 가볍게 생각하여 학교운영에 어려움을 겪기도 한다. 돈은 학교교육의 모든 것을 결정하는 최우선적 가치를 지닌 것도 아니지만 돈에 대한 치밀한 계획 없이 대충 생각해도 학교교육에는 별 문제가 없는 사소한 것도 아니다. 어떤 조직에서 돈의 사용방법은 그 조직이 추구하는 이념과 가치를 내포하게 된다. 그러므로 기독교 대안학교에서 재정의 운영방식은 학교가 추구하는 이념을 나타낼 수밖에 없다. 그래서 일부의 기독교 대안학교에서 보이는 지나치게 높은 등록금과 낮은 교사 급여는 교육기회의 평등성과 교사의 인권이라는 중요한 공공적 가치를 훼손할 우려가 있기 때문에 주의할 필요가 있는 것이다.

정부로부터 공적 재정 지원을 받지 못하는 상황에서 기독교 대안학교들은 가정형편이 어려운 학생들의 진입을 막는 높은 등록금을 낮추고 교사들이 기본적인 생활을 할 수 있는 정도의 임금을 보장하기 위해서 특별한 대책을 강구해야 한다. 먼저 생각할 것은 모든 국민들이 내는 세금인 공적 자금을 학교에 대한 간섭과 규제 없이 지원받는 방안이다. 이는 현실적으로 쉽지 않은 길이지만 치밀한 논리를 만들고 기독교 대안학교들이 그동안 이루어 놓은 교육적 성과를 잘 홍보하여 방안을 찾을 필요가 있다.

본 연구에서는 기독교 대안학교의 재정자립을 위한 네 가지 방안들을 제시하였다. 교회의 지원을 보다 효과적으로 받을 수 있는 방안, 개인후원자들로부터 지속적인 후원을 받는 방안, 자체수익사업을 통해 학교의 재정을 확보하는 방안, 지역사회로부터 교육적 지원을 통해 학교운영비를 절감하는 방안 등이다. 어떤 방법을 어떻게 활용할 것인지는 학교가 처한 상황에 따라 다를 것이다. 중요한 점은 재정 행정의 문제가 단순히 돈의 문제를 넘어 학교의 이념을 구현하는 길이 된다는 점을 기억하는 것이다. 그런 면에서 재정의 문제를 너무 가볍게 다루어서는 안 되며 기도 가운데 치밀한 계획과 준비가 필요하다. 특히 연구자가 본 연구에서 강조한 것은 기독교 대안학교가 지역사회와의 관계를 긴밀하게 형성하여 인적 물적 자원을 주고받음으로 재정적인 도움을 얻는 방안에 관한 것이다. 학교와 지역사회와의 긴밀한 관계형성은 재정적인 측면에서 뿐 아니라 학교의 궁극적인 목표 달성과도 관련이 깊다. 대개 기독교학교의 목표가 학생들을 그리스도의 제자로 양육하여 우리 사회를 샬롬의 ―하나님의 평화와 정의가 충만한― 세계로 변화시키는 것이라고 한다. 이 목표를 위해서는 학생들이 자신들이 살고 있는 사회에 대해 정확하게 이해해야 된다. 이러한 이해 위에서 사회에 대한 관심과 애정도 생겨날 수 있고, 비판적 시각도 갖출 수가 있다.

우리나라에서 기독교 대안학교는 이제 20년 가까운 역사를 갖게 되어 이제 보다 성숙한 모습으로 자리매김 할 때가 되었다. 재정의 건전성은 성숙한 학교가 갖추어야 할 중요한 요소 가운데 하나일 것이다. 어려운 여건 속에서도 지금까지 많은 기독교 대안학교들이 초창기의 정신을 잃지 않고 다음세대의 청소년들을 성실하게 준비시켜 왔음은 매우 감사할 일이다. 이 일의 지속성 여부는 기독교 대안학교 설립 초창기의 정신과 열정을 어떻게 유지하는가와 그 정신의 구현체인 재정의 문제를 어떻게 대처하는가에 달려 있을 것이다. 본 연구에서 제시한 방안들이 기독교 대안학교들이 지속 가능한 성장을 이루어가는 데 도움이 되기를 바랄 따름이다.

참고문헌

강영택(2009). "학교공동체의 기독교적 모형에 대한 연구". 『한국기독교 교육정보』, 24집. 255-279.

강영택(2013). "기독교학교와 교회의 관계에 대한 고찰: 미국의 기독교학교를 중심으로". 『기독교 교육논총』, 33집, 31-65.

교육부(2014). 대안교육시설 현황조사. 보도자료.

기독교학교교육연구소(2013). 『기독교 대안학교 가이드』. 서울: 예영.

박상진 외(2014). 『기독교학교의 공공성』. 서울: 예영

서용선 외(2016). 『마을교육공동체란 무엇인가?: 탄생, 뿌리, 그리고 나침판』. 서울: 살림터.

이혜영 외(2009). 대안학교 운영실태 분석 연구. 한국교육개발원.

진동섭, 이윤식, 김재웅(2014). 『교육행정 및 학교경영의 이해』. 서울: 교육과학사

Blank, M., Jacobson, R., Melaville, A., & Pearson, S. (2010) Financing Community Schools: Leveraging Resources to Support Student Success. Coalition for   Community Schools. ERIC Number: ED515222

Chris,M. (2002). 두려움과 배움은 함께 춤출 수 없다. 서울: 민들레

The Popular Center for Democracy, Coalition for Community Schools, and Southern Education Foundation (2016). Community Schools: Transforming Struggling Schools into Thriving Schools.

Heckman, B.(2007). Schools as Communities of Grace. (Drexler). *Schools As Communities*. Colorado Springs, CO: Purposeful Design Publication.

Palmer, P. (2014). *Healing the Heart of Democracy: The Courage to Create a Politics Worthy of the Human Spirit.* (김찬호 역) 비통한 자들을 위한 정치학. 서울: 글항아리.

Tyack, D., & Cuban, L.(1999). *Tinkering Toward Utopia: A Century of Public School Reform.* Cambridge: Harvard University Press.

http://www.grcs.org/ 그랜드래피즈 기독교학교 홈페이지
https://en.wikipedia.org/wiki/Albany_Free_School 알바니 프리스쿨 홈페이지
http://village.goe.go.kr/ 경기도 마을교육공동체 홈페이지

기독교학교교육연구신서는

기독교학교교육연구소의 연구 활동을 한국교회와 기독교 교육현장 실무자들이 공유할 수 있도록 돕기 위해 기획되었습니다. 신서에 관한 보다 자세한 내용은 기독교학교교육연구소로 문의해 주시기 바랍니다.

홈페이지: www.cserc.or.kr
전자우편: cserc@daum.net
전화번호: 02-6458-3456

1. 기독교학교교육론

'하나님의 교육'은 고통이 아닌 축복이요 감격이며, 교육의 영역에서 하나님 나라를 확장하는 것이 바로 기독교학교교육의 목적이요 비전이다. 이 책을 통해 교육의 영역에서 하나님 나라를 이루기 위해 우리가 무엇을 해야 할지를 안내받을 수 있을 것이다.

2. 평양대부흥운동과 기독교학교

기독교학교의 부흥을 원한다면 처음으로 돌아가 회개로부터 시작해야 한다. 이 책은 한국 기독교학교의 현실을 진단하고, 평양대부흥운동과 초기 기독교학교의 부흥에 어떠한 연관성이 있는지 모색하고 있다.

3. 희망을 심는 교육 기독교 대안학교 가이드

사람이 하나님을 만나 자신의 온전한 모습, 참된 인간의 모습을 회복하면 다른 사람과의 관계, 자기 주변의 자연과의 관계도 올바르게 변화된다. '천하보다 귀한 한 영혼'을 온전한 사람으로 성장시키려는 한국 기독교 대안학교를 들여다본다.

4. 입시에 대한 기독교적 이해

교회 안에서조차 성경적인 교육이 아니라 입시 위주의 문화가 팽배한 시점에서 이 책은 입시가 기독교의 주제인지 아니면 일반교육의 주제인지 심도 있게 분석하고 입시에 대한 기독교적인 대안이 무엇인지 모색해 본다.

5. 입시에 대한 기독교적 대응

그리스도인이면서 부모인 사람은 많지만, 진정한 그리스도인 부모는 많지 않은 것이 오늘의 현실이다. 이 책을 읽는 모든 이들이 교육 고통에 대해 애통하는 마음을 갖고, 입시에 대한 하나님의 뜻을 깨닫고 이를 실천하는 통로가 될 수 있기를 바란다.

6. 한국 기독교학교교육운동

이 땅의 아이들을 향하여 다양한 형태의 기독교 교육운동이 일어나고 있는 것은 하나님의 사랑의 선물이자 축복의 손길이다. 이 책을 통하여 한국의 기독교학교교육운동이 어떤 방향을 향하여 나아가고 있는지 가늠할 수 있을 것이다.

7. 기독교 대안학교의 교육성과를 말하다

이 책은 각 기독교 대안학교들의 교육적 노력과 효과를 판단할  수 있는 근거를 제시하고 개선의 기준을 제공하며, 기독교 대안 학교의 노력이 올바른 방향으로 나아가고 있는지를 점검하고 수 정, 보완할 수 있는 기회를 제공한다.

8. 기독교 대안학교 가이드

이 책은 객관적이고 종합적인 정보를 수집하여 기독교 대안학교  의 현주소를 평가할 뿐 아니라 앞으로 나아갈 방향을 제시하고 있다.

9. 기독교학교 리더를 만나다

이 책은 기독교학교를 설립해서 운영하고 있는 기독교학교 리더  9명을 만나 기독교학교의 법적 인가 문제, 학교 운영의 실제 등 7 가지 주제에 대한 궁금증을 속시원히 밝히며 현장에서 경험한 살 아 있는 원리를 소개한다.

10. 기독교학교, 역사에 길을 묻다

이 책은 기독교학교의 뿌리를 발견하게 해 주며, 오늘의 기독교  학교가 믿음의 선배들의 헌신 위에 세워진 학교임을 깨닫도록 한 다. 기독교학교에 몸담고 있는 사람들은 반드시 읽어야 할 필독 서이다.

11. 기독교학교와 교회

이 책은 기독교학교와 교회의 관계를 바르게 파악할 수 있는 네 가지 접근방식으로 구성되어 있다. 그것을 토대로 어떤 식으로든 관계를 맺을 수밖에 없는 기독교학교와 교회가 과연 어떤 관계를 맺어야 하는지에 대한 통찰을 얻을 수 있을 것이다.

12. 기독교학교의 공공성

최근 기독교학교와 관련하여 논의되는 핵심 이슈는 하나님의 나라가 구현되어야 할 세상에 대해 그 책임을 다하는 공공성이다. 이 책은 기독교학교가 반드시 갖추어야 할 공공성에 대해 본격적으로 논의한 최초의 책으로서, 신앙의 자율성과 공공성의 조화와 균형을 이루는 건강한 기독교학교로 나아가는 바른 길을 제시한다.

13. 기독교학교의 미래 전망

우리나라의 기독교학교의 미래는 밝지 않다. 과연 예상되는 미래의 어려움 속에서도 기독교학교는 건강하게 성장하고 성숙할 수 있을 것인가? 이 책은 인구통계적 전망, 우리나라 공교육의 변화 예측, 미국 기독교학교의 사례 분석, 미래 사회의 요구인 역량 중심 교육의 관점 등의 연구를 통해 그 길을 제시하고 있다.

14. 다음세대를 위한 기독교 교육 생태계

한국 교회 다음세대 위기는 기독교 교육 생태계의 위기로 말미  암은 것이다. 교회학교만의 문제가 아니라 가정의 문제요, 목회 의 문제요, 학교의 문제요, 사회에 팽배한 반기독교적 가치관의 문제인 것이다. 한 아이에게 영향을 주는 가정, 교회, 학교, 지역 사회, 미디어, 문화 등이 기독교적 영향력을 줄 수 있는 생태계가 되어야 한다.